Ivan Kouchnir

Économie de la Géorgie

Série "Economie dans les pays"

première publication: 2020
dernière mise à jour: 2021-01-21

Ivan Kouchnir. Économie de la Géorgie. Série "Economie dans les pays". - 2020. - 58 pages.

Ce livre sur l'économie de la Géorgie des années 1990 aux années 2010. Données source provenant de UN Data.

Taille. Dans les années 2010, le PIB de la Géorgie s'élevait à 16,0 milliards de dollars par an; la valeur de l'agriculture était de 1,2 milliards de dollars; la valeur de l'industrie était de 2,0 milliards de dollars. Comme la part dans le monde était comprise entre 0,01% et 0,1%, le pays est classé une petite économie.

Productivité. Dans les années 2010, le PIB par habitant était de 3 971,2 dollars; l'agriculture par habitant était de 305,3 dollars; l'industrie par habitant était de 499,1 dollars. Étant donné que la productivité est comprise entre la moyenne inférieure à la moyenne et la moyenne, l'économie est classée comme en développement.

Croissance. Dans les années 2010, la croissance du PIB était de 4,9%; la croissance de l'agriculture était de 1,2%; la croissance de l'industrie était de 4,7%.

Structure. Dans les années 2010, l'économie de la Géorgie était composée des secteurs suivants: agriculture (40,1%), industrie (19,3%), services (18,5%), commerce (10,2%), transport (7,1%), construction (4,8%).

Exportation et importation. Dans les années 2010, les importations étaient supérieures de 34,1% aux exportations, les importations nettes représentant 14,4% du PIB. La structure technologique des exportations n'est pas meilleure que la structure des importations.

Consommation et reproduction. L'attitude de la reproduction vis-à-vis de la consommation n'est pas meilleure que la moyenne mondiale; ainsi la part du PIB dans le monde n'augmentera donc pas.

Série "Economie dans les pays": parallel.page.link/fr

© Ivan Kouchnir, 2020

Tous les droits sont réservés.

ISBN: 9798613754526

Contenu

Partie I. Taille	4
Chapitre I. Produit intérieur brut	5
Chapitre II. Valeur ajoutée	8
Chapitre III. Revenu national brut	11
Partie II. Structure	14
Chapitre IV. Agriculture	15
Chapitre V. Industrie	18
Chapitre 5.1. Fabrication	21
Chapitre VI. Construction	25
Chapitre VII. Transport	28
Chapitre VIII. Commerce	31
Chapitre IX. Services	34
Partie III. Relations extérieures	37
Chapitre X. Exportations	38
Chapitre XI. Importations	42
Partie IV. Consommation	46
Chapitre XII. Dépenses publiques	47
Chapitre XIII. Dépenses ménagères	50
Chapitre XIV. Consommation de nourriture	53
Partie V. Reproduction	55
Chapitre XV. Formation de capital fixe	56

Partie I. Taille

	Les années 2010
PIB	16,0 milliards de dollars
Partager dans le monde	0,021%
Partager en Asie	0,059%
Partager en Asie de l'Ouest	0,51%

Chapitre I. Produit intérieur brut

Le PIB de la Géorgie est passé de 4,2 milliards de dollars par an dans les années 1990 à 16,0 milliards de dollars par an dans les années 2010, c'est-à-dire 11,8 milliards de dollars ou de 3,8 fois. La variation a été de 7,8 milliards de dollars en raison de l'augmentation de 2,0 fois des prix, et de 4,8 milliards de dollars en raison de la croissance de productivité de 2,4 fois, et de -812,8 millions de dollars en raison du déclin de la population. La croissance annuelle moyenne du produit intérieur brut était de 0,17%. La valeur minimale était de 2,7 milliards de dollars en 1994. La valeur maximale était de 17,7 milliards de dollars en 2019.

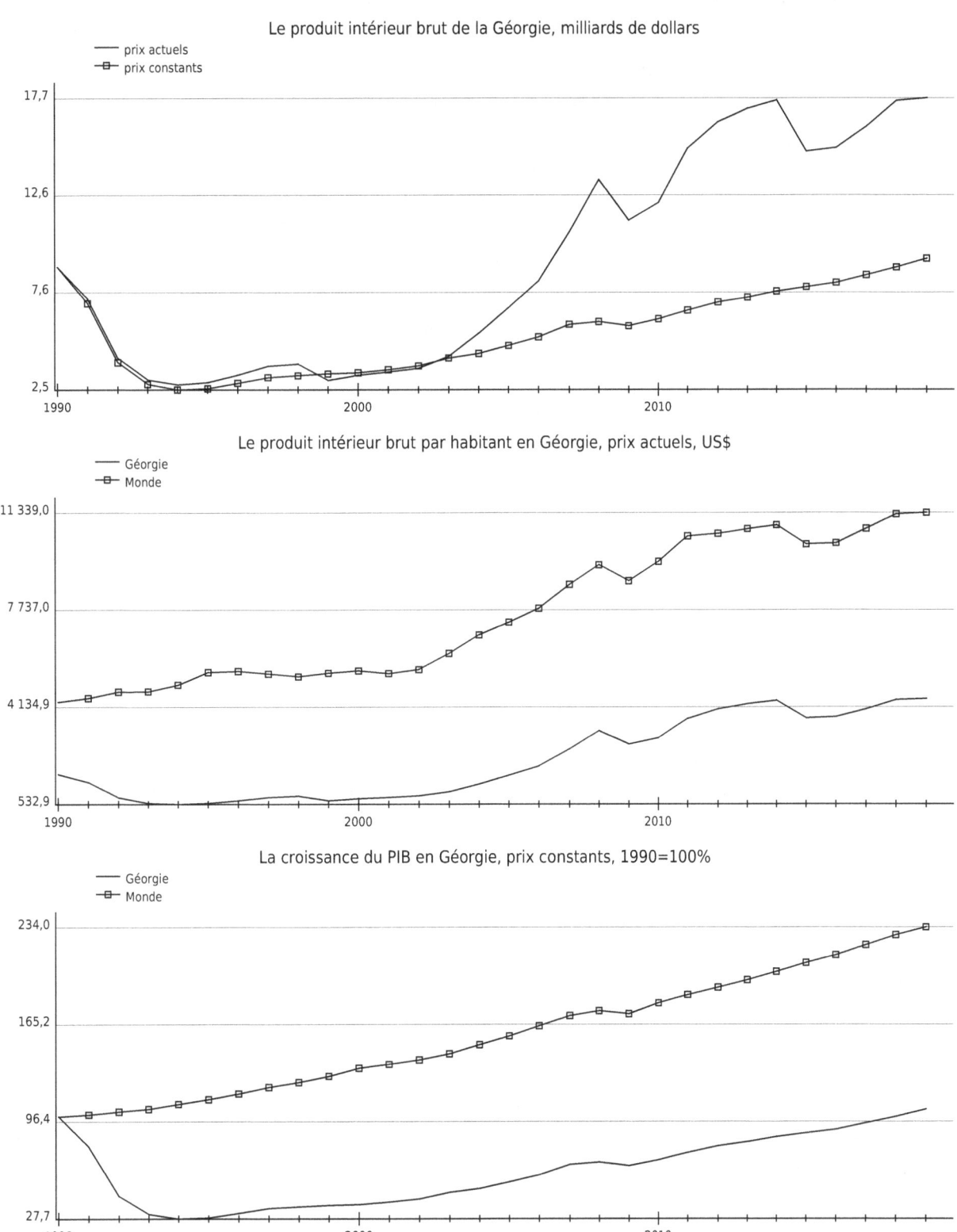

Les années 1990

Le PIB de la Géorgie était de 4,2 milliards de dollars par an dans les années 1990, au 121ème rang mondial à égalité avec la Bosnie-Herzégovine (4,3 milliards de dollars). La part dans le monde était de 0,015% et de 0,055% en Asie.

Le produit intérieur brut de la Géorgie était constitué des dépenses ménagères (86,4%), de la formation de capital (23,3%) et des dépenses publiques (11,7%).

Le PIB par habitant en Géorgie était de 848.5 dollars dans les années 1990, au 146ème rang mondial, à égalité avec le Ghana (846,9 de dollars), le Honduras (843,2 de dollars), l'Angola (857,9 de dollars). Le PIB par habitant en Géorgie était 5,9 fois inférieur le produit intérieur brut par habitant au Monde (5 020,1 US$), et 2,6 fois inférieur le PIB par habitant en Asie (2 243,8 US$).

La croissance du produit intérieur brut en Géorgie était de -10.5% dans les années 1990, au 205ème rang mondial. La croissance du produit intérieur brut en Géorgie (-10,5%) a été inférieure à celle du monde (2,8%), et inférieure à celle de l'Asie (4,7%).

Comparaison avec les voisins. Le PIB de la Géorgie était supérieur à celui de l'Arménie (1,7 milliards de dollars); mais inférieur à celui de la Russie (417,8 milliards de dollars), de la Turquie (234,0 milliards de dollars) et de l'Azerbaïdjan (4,5 milliards de dollars). Le PIB par habitant en Géorgie était supérieur à celui de l'Azerbaïdjan (589,4 de dollars) et de l'Arménie (513,9 de dollars); mais inférieur à celui de la Turquie (4 031,0 de dollars) et de la Russie (2 825,0 de dollars). La croissance du PIB en Géorgie était inférieure à celle de la Turquie (3,9%), de l'Arménie (-4,8%), de la Russie (-5,3%) et de l'Azerbaïdjan (-6,8%).

Comparaison avec les leaders. Le PIB de la Géorgie était inférieur à celui des États-Unis (7,6 billions de dollars), du Japon (4,3 billions de dollars), de l'Allemagne (2,2 billions de dollars), de la France (1,4 billions de dollars) et du Royaume-Uni (1,3 billions de dollars). Le PIB par habitant en Géorgie était inférieur à celui du Japon (34 325,0 de dollars), des États-Unis (28 654,0 de dollars), de l'Allemagne (27 003,8 de dollars), de la France (24 100,9 de dollars) et du Royaume-Uni (22 920,4 de dollars). La croissance du produit intérieur brut en Géorgie était inférieure à celle des États-Unis (3,2%), du Royaume-Uni (2,3%), de l'Allemagne (2,2%), de la France (2,0%) et du Japon (1,5%).

Les années 2000

Le PIB de la Géorgie était de 7,0 milliards de dollars par an dans les années 2000, se situant au 125ème rang mondial à égalité avec Maurice (6,9 milliards de dollars). La part dans le monde était de 0,015% et de 0,056% en Asie.

Le produit intérieur brut de la Géorgie était constitué des dépenses ménagères (82,5%), de la formation de capital (25,7%) et des dépenses publiques (13,6%).

Le PIB par habitant en Géorgie était de 1661.6 dollars dans les années 2000, se classant au 143ème rang mondial. Le PIB par habitant en Géorgie était 4,3 fois inférieur le produit intérieur brut par habitant au Monde (7 176,3 US$), et 47,8% inférieur le produit intérieur brut par habitant en Asie (3 180,5 US$).

La croissance du PIB en Géorgie était de 5.8% dans les années 2000, se situant au 37ème rang mondial, à égalité avec le Bangladesh (5,8%), le Cap-Vert (5,8%). La croissance du PIB en Géorgie (5,8%) a été supérieure à celle du monde (3,0%), et supérieure à celle de l'Asie (5,2%).

Comparaison avec les voisins. Le PIB de la Géorgie était supérieur à celui de l'Arménie (5,7 milliards de dollars); mais inférieur à celui de la Russie (794,5 milliards de dollars), de la Turquie (460,4 milliards de dollars) et de l'Azerbaïdjan (19,4 milliards de dollars). Le PIB par habitant en Géorgie était inférieur à celui de la Turquie (6 834,6 de dollars), de la Russie (5 505,6 de dollars), de l'Azerbaïdjan (2 276,3 de dollars) et de l'Arménie (1 915,3 de dollars). La croissance du produit intérieur brut en Géorgie était supérieure à celle de la Russie (5,4%) et de la Turquie (3,9%); mais inférieure à celle de l'Azerbaïdjan (15,4%) et de l'Arménie (8,5%).

Comparaison avec les leaders. Le PIB de la Géorgie était inférieur à celui des États-Unis (12,6 billions de dollars), du Japon (4,7 billions de dollars), de l'Allemagne (2,8 billions de dollars), de la Chine (2,6 billions de dollars) et du Royaume-Uni (2,3 billions de dollars). Le produit intérieur brut par habitant en Géorgie était inférieur à celui des États-Unis (42 841,2 de dollars), du Royaume-Uni (38 399,3 de dollars), du Japon (36 386,2 de dollars), de l'Allemagne (33 966,8 de dollars) et de la Chine (1 954,1 de dollars). La croissance du produit intérieur brut en Géorgie était supérieure à celle des États-Unis (1,9%), du Royaume-Uni (1,7%), de l'Allemagne (0,73%) et du Japon (0,50%); mais inférieure à celle de la Chine (10,3%).

Les années 2010

Chapitre I. Produit intérieur brut

Le produit intérieur brut de la Géorgie était de 16,0 milliards de dollars par an dans les années 2010, au 121ème rang mondial à égalité avec le Botswana (15,8 milliards de dollars), le Gabon (16,3 milliards de dollars), la Corée du Nord (16,4 milliards de dollars). La part dans le monde était de 0,021% et de 0,059% en Asie.

Le produit intérieur brut de la Géorgie était constitué des dépenses ménagères (74,9%), de la formation de capital (25,5%) et des dépenses publiques (14,0%).

Le produit intérieur brut par habitant en Géorgie était de 3971.2 dollars dans les années 2010, se classant au 129ème rang mondial, à égalité avec le Kosovo (3 961,8 de dollars), la Mongolie (3 906,4 de dollars), la Tunisie (3 878,7 de dollars). Le PIB par habitant en Géorgie était 2,7 fois inférieur le PIB par habitant au Monde (10 603,1 US$), et 36,0% inférieur le produit intérieur brut par habitant en Asie (6 207,1 US$).

La croissance du PIB en Géorgie était de 4.9% dans les années 2010, se situant au 45ème rang mondial, à égalité avec Singapour (4,8%), la Zambie (4,9%), le Népal (4,9%). La croissance du produit intérieur brut en Géorgie (4,9%) a été supérieure à celle du monde (3,1%), et inférieure à celle de l'Asie (5,2%).

Comparaison avec les voisins. Le PIB de la Géorgie était 42,1% supérieur à celui de l'Arménie (11,3 milliards de dollars); mais 110,7 fois inférieur à celui de la Russie (1,8 billions de dollars), 53,2 fois inférieur à celui de la Turquie (852,6 milliards de dollars) et 3,5 fois inférieur à celui de l'Azerbaïdjan (56,5 milliards de dollars). Le PIB par habitant en Géorgie était 2,7% supérieur à celui de l'Arménie (3 867,7 de dollars); mais 3,1 fois inférieur à celui de la Russie (12 260,3 de dollars), 2,8 fois inférieur à celui de la Turquie (10 947,2 de dollars) et 32,8% inférieur à celui de l'Azerbaïdjan (5 913,2 de dollars). La croissance du produit intérieur brut en Géorgie était supérieure à celle de l'Arménie (4,4%), de la Russie (1,9%) et de l'Azerbaïdjan (1,6%); mais inférieure à celle de la Turquie (5,8%).

Comparaison avec les leaders. Le produit intérieur brut de la Géorgie était 1 120,2 fois inférieur à celui des États-Unis (18,0 billions de dollars), 655,2 fois inférieur à celui de la Chine (10,5 billions de dollars), 326,1 fois inférieur à celui du Japon (5,2 billions de dollars), 228,4 fois inférieur à celui de l'Allemagne (3,7 billions de dollars) et 172,6 fois inférieur à celui du Royaume-Uni (2,8 billions de dollars). Le PIB par habitant en Géorgie était 14,2 fois inférieur à celui des États-Unis (56 220,1 de dollars), 11,3 fois inférieur à celui de l'Allemagne (44 732,1 de dollars), 10,6 fois inférieur à celui du Royaume-Uni (42 176,3 de dollars), 10,3 fois inférieur à celui du Japon (40 869,8 de dollars) et 47,0% inférieur à celui de la Chine (7 491,3 de dollars). La croissance du PIB en Géorgie était supérieure à celle des États-Unis (2,3%), de l'Allemagne (1,9%), du Royaume-Uni (1,8%) et du Japon (1,3%); mais inférieure à celle de la Chine (7,7%).

Chapitre II. Valeur ajoutée

La valeur ajoutée de la Géorgie est passé de 4,3 milliards de dollars par an dans les années 1990 à 14,1 milliards de dollars par an dans les années 2010, c'est-à-dire 9,8 milliards de dollars ou de 3,3 fois. La variation a été de 6,3 milliards de dollars en raison de l'augmentation de 1,8 fois des prix, et de 4,4 milliards de dollars en raison de la croissance de productivité de 2,3 fois, et de -821,9 millions de dollars en raison du déclin de la population. La croissance annuelle moyenne de la valeur ajoutée était de -0,40%. La valeur minimale était de 2,9 milliards de dollars en 1995. La valeur maximale était de 15,7 milliards de dollars en 2014.

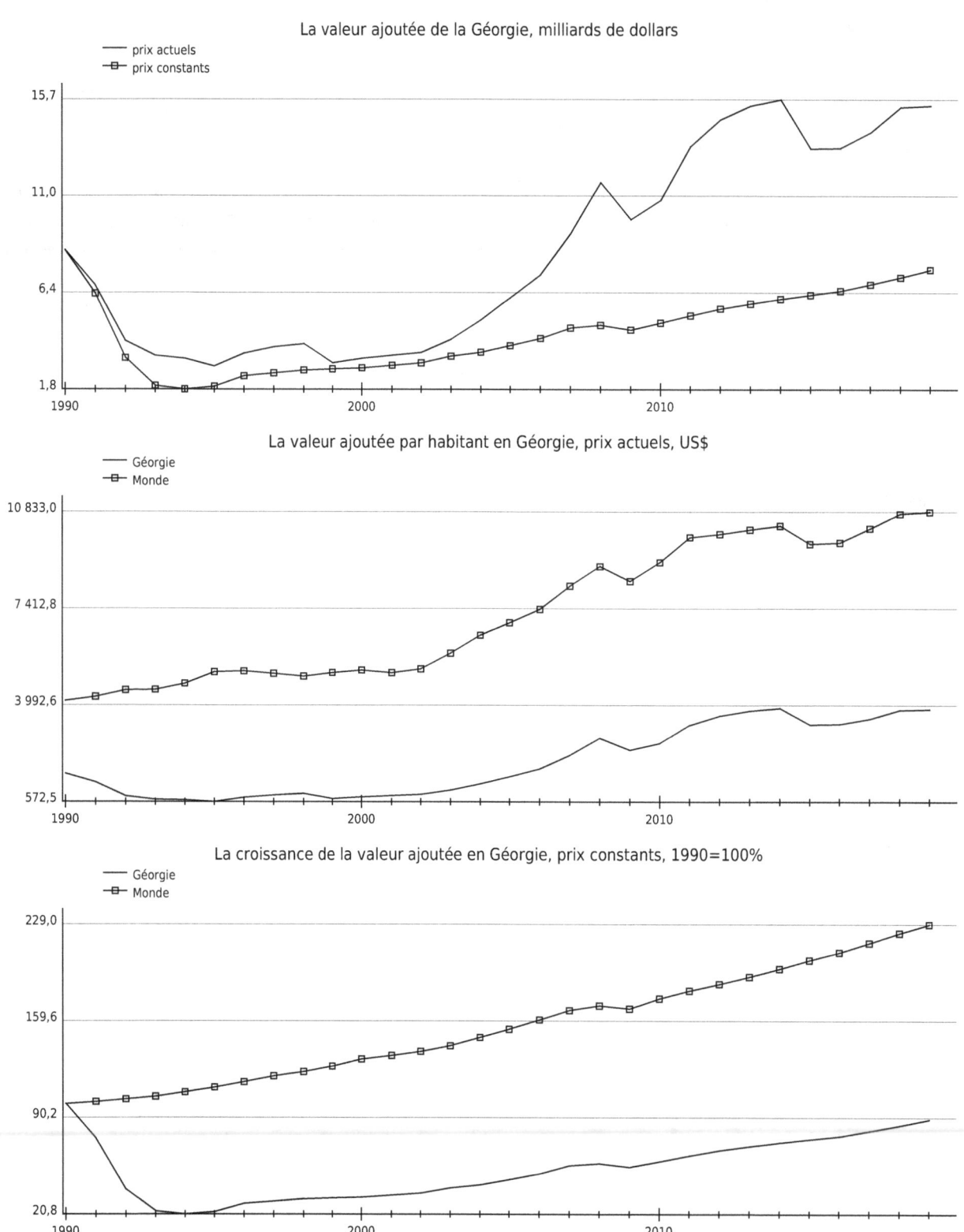

Chapitre II. Valeur ajoutée

Les années 1990

La valeur ajoutée de la Géorgie était de 4,3 milliards de dollars par an dans les années 1990, se classant au 118ème rang mondial à égalité avec l'Azerbaïdjan (4,3 milliards de dollars), le Népal (4,3 milliards de dollars). La part dans le monde était de 0,016% et de 0,056% en Asie.

La valeur ajoutée totale de la Géorgie était constituée de: agriculture (40,1%), industrie (19,3%), services (18,5%), commerce (10,2%), transport (7,1%), construction (4,8%).

La valeur ajoutée par habitant en Géorgie était de 858 dollars dans les années 1990, se classant au 142ème rang mondial, à égalité avec l'Asie centrale (870,8 de dollars), l'Angola (841,1 de dollars). La valeur ajoutée par habitant en Géorgie était 5,6 fois inférieure la valeur ajoutée par habitant au Monde (4 799,9 US$), et 2,6 fois inférieure la valeur ajoutée par habitant en Asie (2 197,3 US$).

La croissance de la valeur ajoutée en Géorgie était de -11.8% dans les années 1990, au 208ème rang mondial. La croissance de la valeur ajoutée en Géorgie (-11,8%) a été inférieure à celle du monde (2,7%), et inférieure à celle de l'Asie (4,6%).

Comparaison avec les voisins. La valeur ajoutée de la Géorgie était supérieure à celle de l'Arménie (1,6 milliards de dollars); mais inférieure à celle de la Russie (392,4 milliards de dollars), de la Turquie (211,9 milliards de dollars) et de l'Azerbaïdjan (4,3 milliards de dollars). La valeur ajoutée par habitant en Géorgie était supérieure à celle de l'Azerbaïdjan (561,3 de dollars) et de l'Arménie (477,3 de dollars); mais inférieure à celle de la Turquie (3 649,1 de dollars) et de la Russie (2 653,1 de dollars). La croissance de la valeur ajoutée en Géorgie était inférieure à celle de la Turquie (3,3%), de la Russie (-4,8%), de l'Arménie (-4,9%) et de l'Azerbaïdjan (-8,8%).

Comparaison avec les leaders. La valeur ajoutée de la Géorgie était inférieure à celle des États-Unis (7,6 billions de dollars), du Japon (4,3 billions de dollars), de l'Allemagne (2,0 billions de dollars), de la France (1,3 billions de dollars) et du Royaume-Uni (1,2 billions de dollars). La valeur ajoutée par habitant en Géorgie était inférieure à celle du Japon (34 190,7 de dollars), des États-Unis (28 605,8 de dollars), de l'Allemagne (24 519,7 de dollars), de la France (21 588,1 de dollars) et du Royaume-Uni (21 414,8 de dollars). La croissance de la valeur ajoutée en Géorgie était inférieure à celle des États-Unis (2,8%), du Royaume-Uni (2,4%), de l'Allemagne (2,1%), de la France (1,8%) et du Japon (1,8%).

Les années 2000

La valeur ajoutée de la Géorgie était de 6,4 milliards de dollars par an dans les années 2000, se classant au 126ème rang mondial à égalité avec Madagascar (6,4 milliards de dollars), la république du Congo (6,3 milliards de dollars), l'Afghanistan (6,2 milliards de dollars). La part dans le monde était de 0,014% et de 0,052% en Asie.

La valeur ajoutée totale de la Géorgie était constituée de: services (33,2%), commerce (17,8%), agriculture (15,8%), industrie (15,5%), transport (12,9%), construction (4,8%).

La valeur ajoutée par habitant en Géorgie était de 1504.2 dollars dans les années 2000, se situant au 143ème rang mondial. La valeur ajoutée par habitant en Géorgie était 4,5 fois inférieure la valeur ajoutée par habitant au Monde (6 818,0 US$), et 2,1 fois inférieure la valeur ajoutée par habitant en Asie (3 111,3 US$).

La croissance de la valeur ajoutée en Géorgie était de 5.4% dans les années 2000, se situant au 39ème rang mondial, à égalité avec le Belize (5,4%), Maurice (5,4%), le Ghana (5,4%). La croissance de la valeur ajoutée en Géorgie (5,4%) a été supérieure à celle du monde (2,9%), et supérieure à celle de l'Asie (5,1%).

Comparaison avec les voisins. La valeur ajoutée de la Géorgie était supérieure à celle de l'Arménie (5,1 milliards de dollars); mais inférieure à celle de la Russie (685,9 milliards de dollars), de la Turquie (407,3 milliards de dollars) et de l'Azerbaïdjan (18,2 milliards de dollars). La valeur ajoutée par habitant en Géorgie était inférieure à celle de la Turquie (6 046,1 de dollars), de la Russie (4 753,5 de dollars), de l'Azerbaïdjan (2 143,6 de dollars) et de l'Arménie (1 715,8 de dollars). La croissance de la valeur ajoutée en Géorgie était supérieure à celle de la Russie (5,0%) et de la Turquie (3,7%); mais inférieure à celle de l'Azerbaïdjan (15,2%) et de l'Arménie (8,6%).

Comparaison avec les leaders. La valeur ajoutée de la Géorgie était inférieure à celle des États-Unis (12,6 billions de dollars), du Japon (4,7 billions de dollars), de la Chine (2,6 billions de dollars), de l'Allemagne (2,5 billions de dollars) et du Royaume-Uni (2,1 billions de dollars). La valeur ajoutée par habitant en Géorgie était inférieure à celle des États-Unis (42 840,8 de dollars), du Japon (36 383,0 de dollars), du Royaume-Uni (34 611,1 de dollars), de l'Allemagne (30 717,6 de dollars) et de la Chine (1 954,1 de dollars). La croissance de la valeur ajoutée en Géorgie était supérieure à celle des États-Unis (1,7%), du Royaume-Uni (1,7%), de l'Allemagne (0,65%) et du Japon (0,27%); mais inférieure à celle de la Chine (10,2%).

Les années 2010

La valeur ajoutée de la Géorgie était de 14,1 milliards de dollars par an dans les années 2010, se classant au 123ème rang mondial à égalité avec le Botswana (14,3 milliards de dollars). La part dans le monde était de 0,019% et de 0,053% en Asie.

La valeur ajoutée totale de la Géorgie était constituée de: services (41,6%), commerce (18,4%), industrie (14,3%), transport (9,7%), agriculture (8,7%), construction (7,3%).

La valeur ajoutée par habitant en Géorgie était de 3500.7 dollars dans les années 2010, au 133ème rang mondial, à égalité avec la Mongolie (3 507,8 de dollars), le Guatemala (3 491,0 de dollars), la Mélanésie (3 485,2 de dollars). La valeur ajoutée par habitant en Géorgie était 2,9 fois inférieure la valeur ajoutée par habitant au Monde (10 094,6 US$), et 42,3% inférieure la valeur ajoutée par habitant en Asie (6 065,5 US$).

La croissance de la valeur ajoutée en Géorgie était de 5% dans les années 2010, se situant au 44ème rang mondial, à égalité avec le Viêt Nam (5,0%). La croissance de la valeur ajoutée en Géorgie (5,0%) a été supérieure à celle du monde (3,1%), et inférieure à celle de l'Asie (5,3%).

Comparaison avec les voisins. La valeur ajoutée de la Géorgie était 37,6% supérieure à celle de l'Arménie (10,3 milliards de dollars); mais 110,5 fois inférieure à celle de la Russie (1,6 billions de dollars), 53,4 fois inférieure à celle de la Turquie (754,6 milliards de dollars) et 3,7 fois inférieure à celle de l'Azerbaïdjan (52,7 milliards de dollars). La valeur ajoutée par habitant en Géorgie était 3,1 fois inférieure à celle de la Russie (10 792,3 de dollars), 2,8 fois inférieure à celle de la Turquie (9 689,4 de dollars), 36,5% inférieure à celle de l'Azerbaïdjan (5 515,7 de dollars) et 0,58% inférieure à celle de l'Arménie (3 521,1 de dollars). La croissance de la valeur ajoutée en Géorgie était supérieure à celle de l'Arménie (4,4%), de la Russie (1,7%) et de l'Azerbaïdjan (1,3%); mais inférieure à celle de la Turquie (5,8%).

Comparaison avec les leaders. La valeur ajoutée de la Géorgie était 1 270,8 fois inférieure à celle des États-Unis (18,0 billions de dollars), 743,3 fois inférieure à celle de la Chine (10,5 billions de dollars), 368,0 fois inférieure à celle du Japon (5,2 billions de dollars), 233,7 fois inférieure à celle de l'Allemagne (3,3 billions de dollars) et 174,8 fois inférieure à celle du Royaume-Uni (2,5 billions de dollars). La valeur ajoutée par habitant en Géorgie était 16,1 fois inférieure à celle des États-Unis (56 220,3 de dollars), 11,6 fois inférieure à celle du Japon (40 660,3 de dollars), 11,5 fois inférieure à celle de l'Allemagne (40 346,4 de dollars), 10,8 fois inférieure à celle du Royaume-Uni (37 659,6 de dollars) et 2,1 fois inférieure à celle de la Chine (7 491,3 de dollars). La croissance de la valeur ajoutée en Géorgie était supérieure à celle des États-Unis (2,2%), de l'Allemagne (1,9%), du Royaume-Uni (1,8%) et du Japon (1,3%); mais inférieure à celle de la Chine (7,7%).

Chapitre III. Revenu national brut

Le RNB de la Géorgie est passé de 4,3 milliards de dollars par an dans les années 1990 à 15,6 milliards de dollars par an dans les années 2010, c'est-à-dire 11,3 milliards de dollars ou de 3,6 fois. La variation a été de 7,6 milliards de dollars en raison de l'augmentation de 2,0 fois des prix, et de 4,5 milliards de dollars en raison de la croissance de productivité de 2,3 fois, et de -823,5 millions de dollars en raison du déclin de la population. La croissance annuelle moyenne du RNB était de 0,029%. La valeur minimale était de 2,7 milliards de dollars en 1994. La valeur maximale était de 17,4 milliards de dollars en 2014.

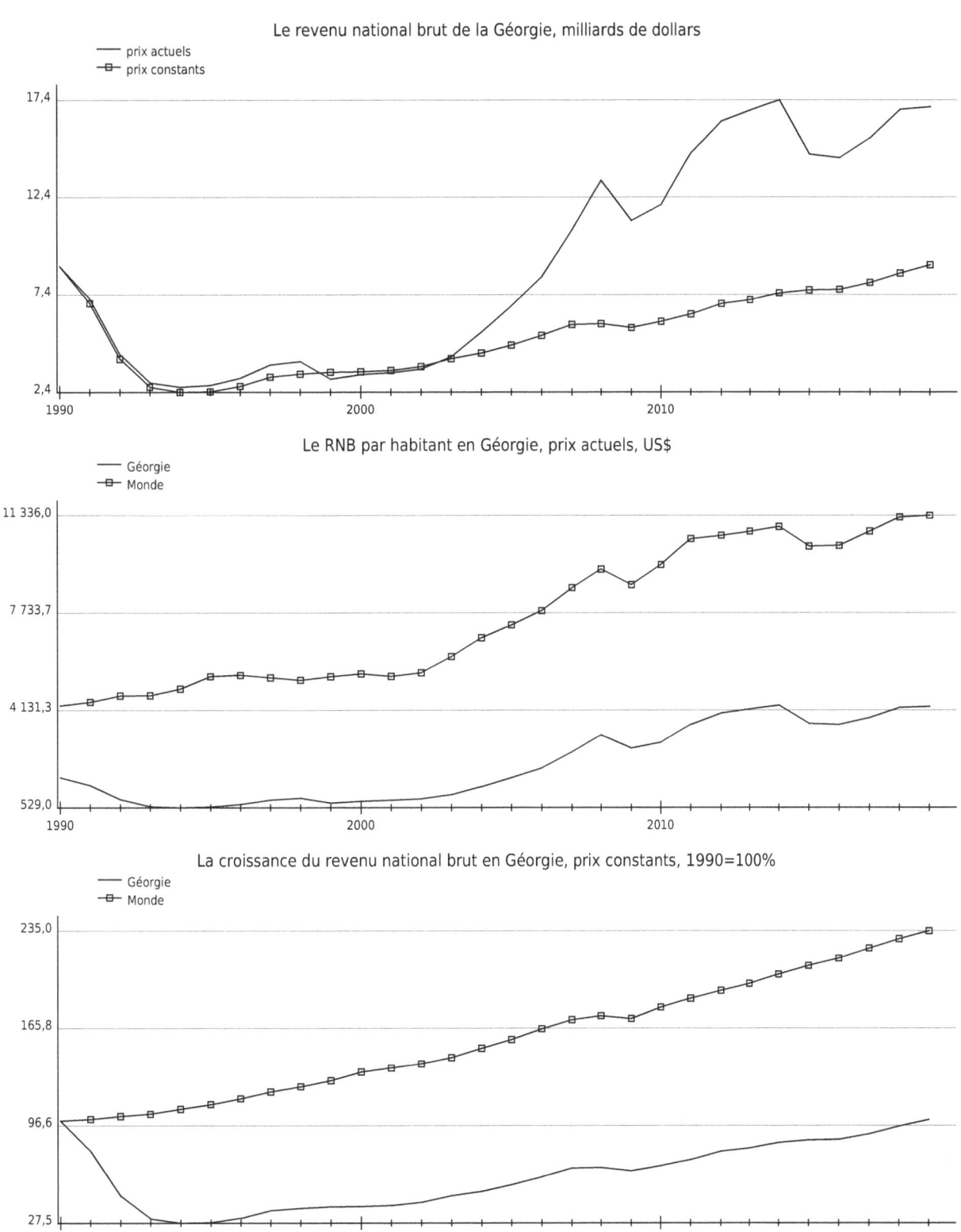

Les années 1990

Le RNB de la Géorgie était de 4,3 milliards de dollars par an dans les années 1990, au 120ème rang mondial à égalité avec le Botswana (4,3 milliards de dollars), le Népal (4,3 milliards de dollars). La part dans le monde était de 0,015% et de 0,055% en Asie.

Le RNB par habitant en Géorgie était de 859.6 dollars dans les années 1990, se situant au 142ème rang mondial, à égalité avec la Bolivie (852,7 de dollars), les Kiribati (848,7 de dollars). Le revenu national brut par habitant en Géorgie était 5,8 fois inférieur le revenu national brut par habitant au Monde (4 991,4 US$), et 2,6 fois inférieur le revenu national brut par habitant en Asie (2 257,5 US$).

La croissance du RNB en Géorgie était de -9.9% dans les années 1990, se classant au 203ème rang mondial, à égalité avec Montserrat (-10,0%), l'Ukraine (-10,0%). La croissance du revenu national brut en Géorgie (-9,9%) a été inférieure à celle du monde (2,8%), et inférieure à celle de l'Asie (4,6%).

Comparaison avec les voisins. Le RNB de la Géorgie était supérieur à celui de l'Arménie (1,7 milliards de dollars); mais inférieur à celui de la Russie (411,1 milliards de dollars), de la Turquie (239,8 milliards de dollars) et de l'Azerbaïdjan (4,6 milliards de dollars). Le RNB par habitant en Géorgie était supérieur à celui de l'Azerbaïdjan (591,8 de dollars) et de l'Arménie (512,3 de dollars); mais inférieur à celui de la Turquie (4 129,5 de dollars) et de la Russie (2 779,6 de dollars). La croissance du RNB en Géorgie était inférieure à celle de la Turquie (3,9%), de l'Arménie (-5,0%), de la Russie (-5,7%) et de l'Azerbaïdjan (-6,4%).

Comparaison avec les leaders. Le RNB de la Géorgie était inférieur à celui des États-Unis (7,5 billions de dollars), du Japon (4,4 billions de dollars), de l'Allemagne (2,2 billions de dollars), de la France (1,4 billions de dollars) et du Royaume-Uni (1,3 billions de dollars). Le revenu national brut par habitant en Géorgie était inférieur à celui du Japon (34 665,3 de dollars), des États-Unis (28 503,5 de dollars), de l'Allemagne (27 004,0 de dollars), de la France (24 286,5 de dollars) et du Royaume-Uni (23 037,3 de dollars). La croissance du RNB en Géorgie était inférieure à celle des États-Unis (3,4%), de la France (2,2%), du Royaume-Uni (2,0%), de l'Allemagne (2,0%) et du Japon (1,5%).

Les années 2000

Le RNB de la Géorgie était de 7,0 milliards de dollars par an dans les années 2000, se classant au 124ème rang mondial à égalité avec la Papouasie-Nouvelle-Guinée (7,1 milliards de dollars), Maurice (6,9 milliards de dollars). La part dans le monde était de 0,015% et de 0,056% en Asie.

Le RNB par habitant en Géorgie était de 1669.8 dollars dans les années 2000, se classant au 141ème rang mondial, à égalité avec la Syrie (1 660,7 de dollars), l'Asie centrale (1 642,1 de dollars). Le RNB par habitant en Géorgie était 4,3 fois inférieur le revenu national brut par habitant au Monde (7 165,2 US$), et 47,8% inférieur le revenu national brut par habitant en Asie (3 199,2 US$).

La croissance du RNB en Géorgie était de 5.2% dans les années 2000, au 56ème rang mondial, à égalité avec le Belize (5,1%), la Serbie (5,1%), l'Asie du Sud-Est (5,2%). La croissance du revenu national brut en Géorgie (5,2%) a été supérieure à celle du monde (3,0%), et inférieure à celle de l'Asie (5,3%).

Comparaison avec les voisins. Le RNB de la Géorgie était supérieur à celui de l'Arménie (5,8 milliards de dollars); mais inférieur à celui de la Russie (771,8 milliards de dollars), de la Turquie (454,9 milliards de dollars) et de l'Azerbaïdjan (17,5 milliards de dollars). Le revenu national brut par habitant en Géorgie était inférieur à celui de la Turquie (6 752,6 de dollars), de la Russie (5 348,3 de dollars), de l'Azerbaïdjan (2 060,6 de dollars) et de l'Arménie (1 955,0 de dollars). La croissance du RNB en Géorgie était supérieure à celle de la Turquie (3,5%); mais inférieure à celle de l'Azerbaïdjan (14,1%), de l'Arménie (8,8%) et de la Russie (5,5%).

Comparaison avec les leaders. Le revenu national brut de la Géorgie était inférieur à celui des États-Unis (12,7 billions de dollars), du Japon (4,8 billions de dollars), de l'Allemagne (2,8 billions de dollars), de la Chine (2,6 billions de dollars) et du Royaume-Uni (2,3 billions de dollars). Le RNB par habitant en Géorgie était inférieur à celui des États-Unis (43 177,4 de dollars), du Royaume-Uni (38 514,5 de dollars), du Japon (37 144,2 de dollars), de l'Allemagne (34 189,0 de dollars) et de la Chine (1 950,5 de dollars). La croissance du revenu national brut en Géorgie était supérieure à celle des États-Unis (1,8%), du Royaume-Uni (1,7%), de l'Allemagne (1,0%) et du Japon (0,62%); mais inférieure à celle de la Chine (10,4%).

Les années 2010

Le RNB de la Géorgie était de 15,6 milliards de dollars par an dans les années 2010, se situant au 119ème rang mondial à égalité avec la Palestine (15,5 milliards de dollars). La part dans le monde était de 0,020% et de 0,057% en Asie.

Chapitre III. Revenu national brut

Le RNB par habitant en Géorgie était de 3857.6 dollars dans les années 2010, au 131ème rang mondial, à égalité avec l'Angola (3 838,0 de dollars). Le revenu national brut par habitant en Géorgie était 2,8 fois inférieur le revenu national brut par habitant au Monde (10 611,7 US$), et 38,1% inférieur le revenu national brut par habitant en Asie (6 227,9 US$).

La croissance du RNB en Géorgie était de 4.6% dans les années 2010, au 62ème rang mondial, à égalité avec le Paraguay (4,5%), le Pakistan (4,6%), le Gabon (4,6%). La croissance du revenu national brut en Géorgie (4,6%) a été supérieure à celle du monde (3,1%), et inférieure à celle de l'Asie (5,2%).

Comparaison avec les voisins. Le RNB de la Géorgie était 32,5% supérieur à celui de l'Arménie (11,8 milliards de dollars); mais 110,5 fois inférieur à celui de la Russie (1,7 billions de dollars), 53,8 fois inférieur à celui de la Turquie (838,4 milliards de dollars) et 3,5 fois inférieur à celui de l'Azerbaïdjan (53,7 milliards de dollars). Le RNB par habitant en Géorgie était 3,1 fois inférieur à celui de la Russie (11 894,6 de dollars), 2,8 fois inférieur à celui de la Turquie (10 764,7 de dollars), 31,4% inférieur à celui de l'Azerbaïdjan (5 625,9 de dollars) et 4,3% inférieur à celui de l'Arménie (4 030,1 de dollars). La croissance du revenu national brut en Géorgie était supérieure à celle de la Russie (1,9%) et de l'Azerbaïdjan (1,9%); mais inférieure à celle de la Turquie (5,9%) et de l'Arménie (4,6%).

Comparaison avec les leaders. Le RNB de la Géorgie était 1 175,4 fois inférieur à celui des États-Unis (18,3 billions de dollars), 672,1 fois inférieur à celui de la Chine (10,5 billions de dollars), 346,6 fois inférieur à celui du Japon (5,4 billions de dollars), 240,7 fois inférieur à celui de l'Allemagne (3,7 billions de dollars) et 176,3 fois inférieur à celui de la France (2,7 billions de dollars). Le revenu national brut par habitant en Géorgie était 14,9 fois inférieur à celui des États-Unis (57 299,9 de dollars), 11,9 fois inférieur à celui de l'Allemagne (45 801,3 de dollars), 10,9 fois inférieur à celui du Japon (42 204,7 de dollars), 10,7 fois inférieur à celui de la France (41 404,4 de dollars) et 48,3% inférieur à celui de la Chine (7 463,8 de dollars). La croissance du revenu national brut en Géorgie était supérieure à celle des États-Unis (2,5%), de l'Allemagne (2,0%), du Japon (1,4%) et de la France (1,4%); mais inférieure à celle de la Chine (7,7%).

Partie II. Structure

	Les années 2010
agriculture	8,7%
industrie	14,3%
construction	7,3%
commerce	18,4%
transport	9,7%
services	41,6%

Chapitre IV. Agriculture

Agriculture, chasse, sylviculture et pêche (ISIC A-B)

La valeur ajoutée de l'agriculture en Géorgie est tombé de 1,7 milliards de dollars par an dans les années 1990 à 1,2 milliards de dollars par an dans les années 2010, c'est-à-dire -484,4 millions de dollars ou de 28,2%. La variation a été de 143,6 millions de dollars en raison de l'augmentation de 1,1 fois des prix, et de -298,7 millions de dollars en raison de la baisse de productivité de 1,3 fois, et de -329,3 millions de dollars en raison du déclin de la population. La croissance annuelle moyenne de l'agriculture était de -3,0%. La valeur maximale était de 2,7 milliards de dollars en 1990. La valeur minimale était de 769,5 millions de dollars en 2000.

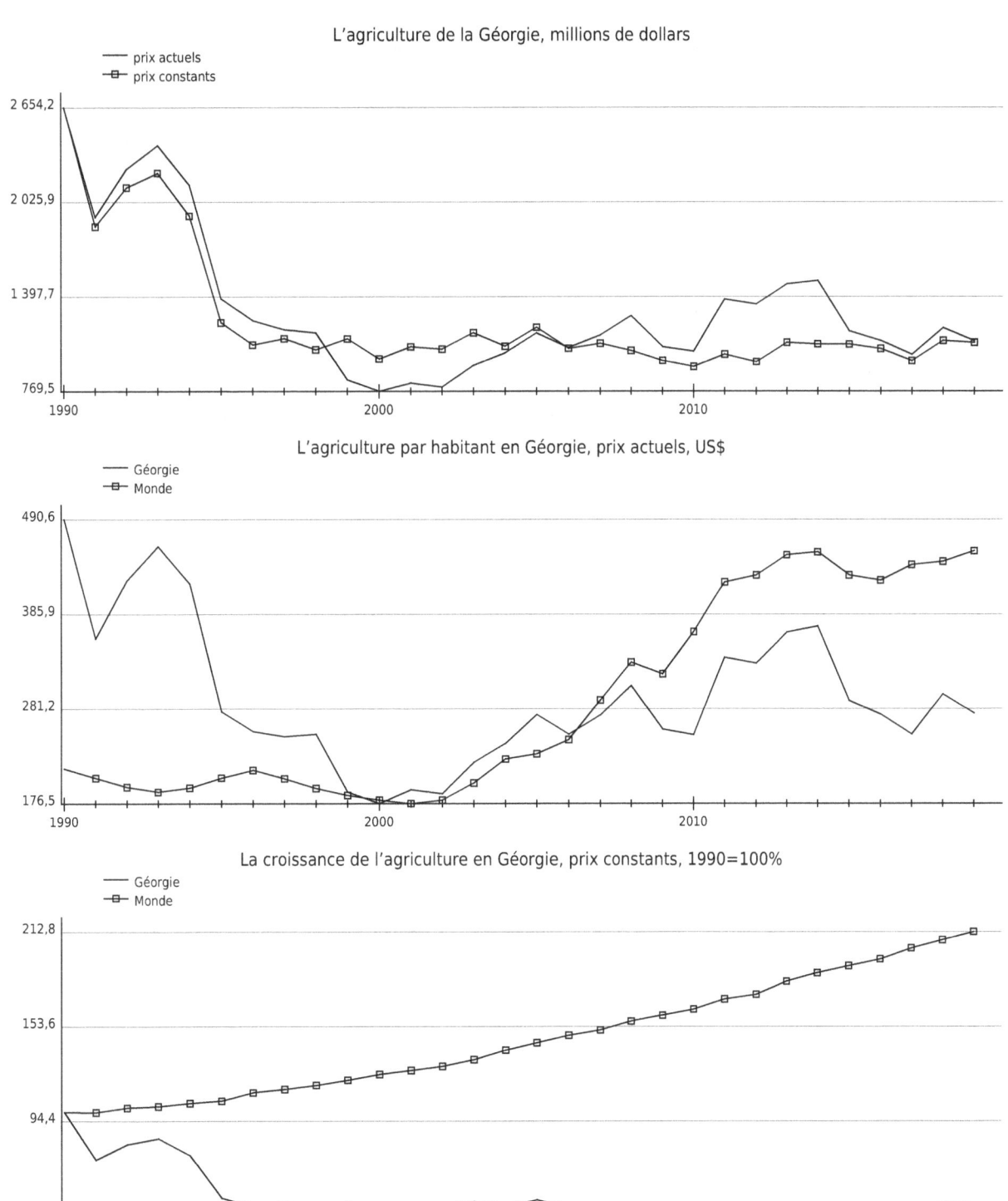

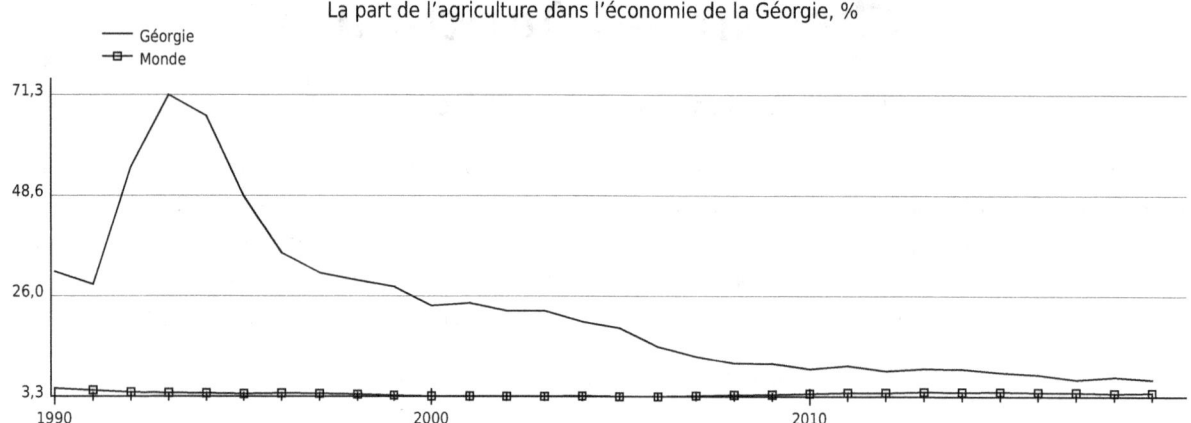

Les années 1990

L'agriculture de la Géorgie était de 1,7 milliards de dollars par an dans les années 1990, au 77ème rang mondial à égalité avec le Népal (1,7 milliards de dollars), l'Irak (1,7 milliards de dollars), d'Israël (1,7 milliards de dollars). La part dans le monde était de 0,15% et de 0,33% en Asie.

La part de l'agriculture dans l'économie de la Géorgie était de 40,1% dans les années 1990, au 19ème rang mondial, à égalité avec le Soudan (40,1%), le Kirghizistan (39,9%), le Népal (40,4%).

L'agriculture par habitant en Géorgie était de 343.7 dollars dans les années 1990, au 49ème rang mondial, à égalité avec les Salomon (343,3 de dollars), le Gabon (347,7 de dollars), Sainte-Lucie (338,0 de dollars). L'agriculture par habitant en Géorgie était 72,0% supérieure l'agriculture par habitant au Monde (199,8 US$), et 2,3 fois supérieure l'agriculture par habitant en Asie (151,6 US$).

La croissance de l'agriculture en Géorgie était de -9.2% dans les années 1990, se classant au 201ème rang mondial. La croissance de l'agriculture en Géorgie (-9,2%) a été inférieure à celle du monde (2,2%), et inférieure à celle de l'Asie (3,2%).

Comparaison avec les voisins. Le secteur de l'agriculture en Géorgie était supérieur à celui de l'Azerbaïdjan (1,2 milliards de dollars) et de l'Arménie (494,0 millions de dollars); mais inférieur à celui de la Russie (36,1 milliards de dollars) et de la Turquie (26,3 milliards de dollars). L'agriculture par habitant en Géorgie était supérieure à celle de la Russie (243,9 de dollars), de l'Arménie (150,3 de dollars) et de l'Azerbaïdjan (149,9 de dollars); mais inférieure à celle de la Turquie (453,8 de dollars). La croissance de l'agriculture en Géorgie était inférieure à celle de la Turquie (1,5%), de l'Arménie (-2,5%), de la Russie (-5,3%) et de l'Azerbaïdjan (-6,8%).

Comparaison avec les leaders. L'agriculture de la Géorgie était inférieure à celle de la Chine (139,0 milliards de dollars), des États-Unis (96,1 milliards de dollars), de l'Inde (91,4 milliards de dollars), du Japon (78,9 milliards de dollars) et du Brésil (36,8 milliards de dollars). L'agriculture par habitant en Géorgie était supérieure à celle du Brésil (228,7 de dollars), de la Chine (112,7 de dollars) et de l'Inde (95,6 de dollars); mais inférieure à celle du Japon (625,5 de dollars) et des États-Unis (363,4 de dollars). La croissance de l'agriculture en Géorgie était inférieure à celle de la Chine (4,3%), du Brésil (3,0%), de l'Inde (2,8%), des États-Unis (2,6%) et du Japon (-1,8%).

Les années 2000

L'agriculture de la Géorgie était de 1,0 milliards de dollars par an dans les années 2000, au 110ème rang mondial à égalité avec l'Arménie (1,0 milliards de dollars), la Somalie (1,0 milliards de dollars), la Lituanie (989,1 millions de dollars). La part dans le monde était de 0,064% et de 0,13% en Asie.

La part de l'agriculture dans l'économie de la Géorgie était de 15,8% dans les années 2000, se classant au 64ème rang mondial.

L'agriculture par habitant en Géorgie était de 238.1 dollars dans les années 2000, se situant au 108ème rang mondial, à égalité avec l'Est (238,1 de dollars), le Brunei (238,0 de dollars), les Îles Marshall (237,5 de dollars). L'agriculture par habitant en Géorgie était 0,90% inférieure l'agriculture par habitant au Monde (240,3 US$), et 17,6% supérieure l'agriculture par habitant en Asie (202,4 US$).

La croissance de l'agriculture en Géorgie était de -1.4% dans les années 2000, se situant au 176ème rang mondial, à égalité avec les Émirats arabes unis (-1,4%). La croissance de l'agriculture en Géorgie (-1,4%) a été inférieure à celle du monde (3,0%), et inférieure à celle de l'Asie (3,1%).

Chapitre IV. Agriculture

Comparaison avec les voisins. La valeur ajoutée de l'agriculture en Géorgie était inférieure à celle de la Turquie (39,1 milliards de dollars), de la Russie (33,6 milliards de dollars), de l'Azerbaïdjan (1,5 milliards de dollars) et de l'Arménie (1,0 milliards de dollars). L'agriculture par habitant en Géorgie était supérieure à celle de la Russie (232,9 de dollars) et de l'Azerbaïdjan (173,0 de dollars); mais inférieure à celle de la Turquie (579,8 de dollars) et de l'Arménie (339,3 de dollars). La croissance de l'agriculture en Géorgie était inférieure à celle de l'Arménie (6,3%), de l'Azerbaïdjan (6,2%), de la Russie (3,6%) et de la Turquie (1,9%).

Comparaison avec les leaders. L'agriculture de la Géorgie était inférieure à celle de la Chine (297,7 milliards de dollars), de l'Inde (147,6 milliards de dollars), des États-Unis (122,5 milliards de dollars), du Japon (57,1 milliards de dollars) et du Nigeria (47,6 milliards de dollars). L'agriculture par habitant en Géorgie était supérieure à celle de la Chine (224,5 de dollars) et de l'Inde (129,7 de dollars); mais inférieure à celle du Japon (445,6 de dollars), des États-Unis (416,9 de dollars) et du Nigeria (346,4 de dollars). La croissance de l'agriculture en Géorgie était inférieure à celle du Nigeria (10,1%), de la Chine (4,0%), des États-Unis (3,6%), de l'Inde (2,0%) et du Japon (-1,3%).

Les années 2010

La valeur de l'agriculture en Géorgie était de 1,2 milliards de dollars par an dans les années 2010, se situant au 123ème rang mondial à égalité avec la Mauritanie (1,2 milliards de dollars), le Togo (1,2 milliards de dollars), d'Oman (1,3 milliards de dollars). La part dans le monde était de 0,039% et de 0,064% en Asie.

La part de l'agriculture dans l'économie de la Géorgie était de 8,7% dans les années 2010, se situant au 93ème rang mondial, à égalité avec l'Iran (8,7%).

L'agriculture par habitant en Géorgie était de 305.3 dollars dans les années 2010, se situant au 123ème rang mondial, à égalité avec les Seychelles (307,2 de dollars), le Nicaragua (307,5 de dollars), d'Oman (307,8 de dollars). L'agriculture par habitant en Géorgie était 29,3% inférieure l'agriculture par habitant au Monde (432,1 US$), et 30,1% inférieure l'agriculture par habitant en Asie (436,7 US$).

La croissance de l'agriculture en Géorgie était de 1.2% dans les années 2010, au 133ème rang mondial. La croissance de l'agriculture en Géorgie (1,2%) a été inférieure à celle du monde (2,9%), et inférieure à celle de l'Asie (3,3%).

Comparaison avec les voisins. Le secteur de l'agriculture en Géorgie était 48,9 fois inférieur à celui de la Russie (60,3 milliards de dollars), 47,9 fois inférieur à celui de la Turquie (59,0 milliards de dollars), 2,5 fois inférieur à celui de l'Azerbaïdjan (3,1 milliards de dollars) et 32,8% inférieur à celui de l'Arménie (1,8 milliards de dollars). L'agriculture par habitant en Géorgie était 2,5 fois inférieure à celle de la Turquie (757,6 de dollars), 2,1 fois inférieure à celle de l'Arménie (628,8 de dollars), 26,7% inférieure à celle de la Russie (416,5 de dollars) et 5,1% inférieure à celle de l'Azerbaïdjan (321,8 de dollars). La croissance de l'agriculture en Géorgie était supérieure à celle de la Russie (1,2%) et de l'Arménie (1,0%); mais inférieure à celle de l'Azerbaïdjan (3,7%) et de la Turquie (3,3%).

Comparaison avec les leaders. Le secteur de l'agriculture en Géorgie était 718,9 fois inférieur à celui de la Chine (886,2 milliards de dollars), 294,8 fois inférieur à celui de l'Inde (363,4 milliards de dollars), 146,2 fois inférieur à celui des États-Unis (180,3 milliards de dollars), 100,6 fois inférieur à celui de l'Indonésie (124,1 milliards de dollars) et 77,7 fois inférieur à celui du Nigeria (95,8 milliards de dollars). L'agriculture par habitant en Géorgie était 9,4% supérieure à celle de l'Inde (279,1 de dollars); mais 2,1 fois inférieure à celle de la Chine (631,9 de dollars), 45,9% inférieure à celle des États-Unis (564,3 de dollars), 42,9% inférieure à celle du Nigeria (534,6 de dollars) et 36,9% inférieure à celle de l'Indonésie (483,6 de dollars). La croissance de l'agriculture en Géorgie était inférieure à celle de l'Inde (4,1%), de l'Indonésie (3,9%), de la Chine (3,8%), du Nigeria (3,6%) et des États-Unis (2,0%).

Chapitre V. Industrie

Exploitation minière, fabrication, services publics (ISIC C-E)

La valeur ajoutée de l'industrie en Géorgie est passé de 827,7 millions de dollars par an dans les années 1990 à 2,0 milliards de dollars par an dans les années 2010, c'est-à-dire 1,2 milliards de dollars ou de 2,4 fois. La variation a été de 533,0 millions de dollars en raison de l'augmentation de 1,4 fois des prix, et de 813,1 millions de dollars en raison de la croissance de productivité de 2,2 fois, et de -158,7 millions de dollars en raison du déclin de la population. La croissance annuelle moyenne de l'industrie était de -1,2%. La valeur maximale était de 2,3 milliards de dollars en 1990. La valeur minimale était de 283,2 millions de dollars en 1993.

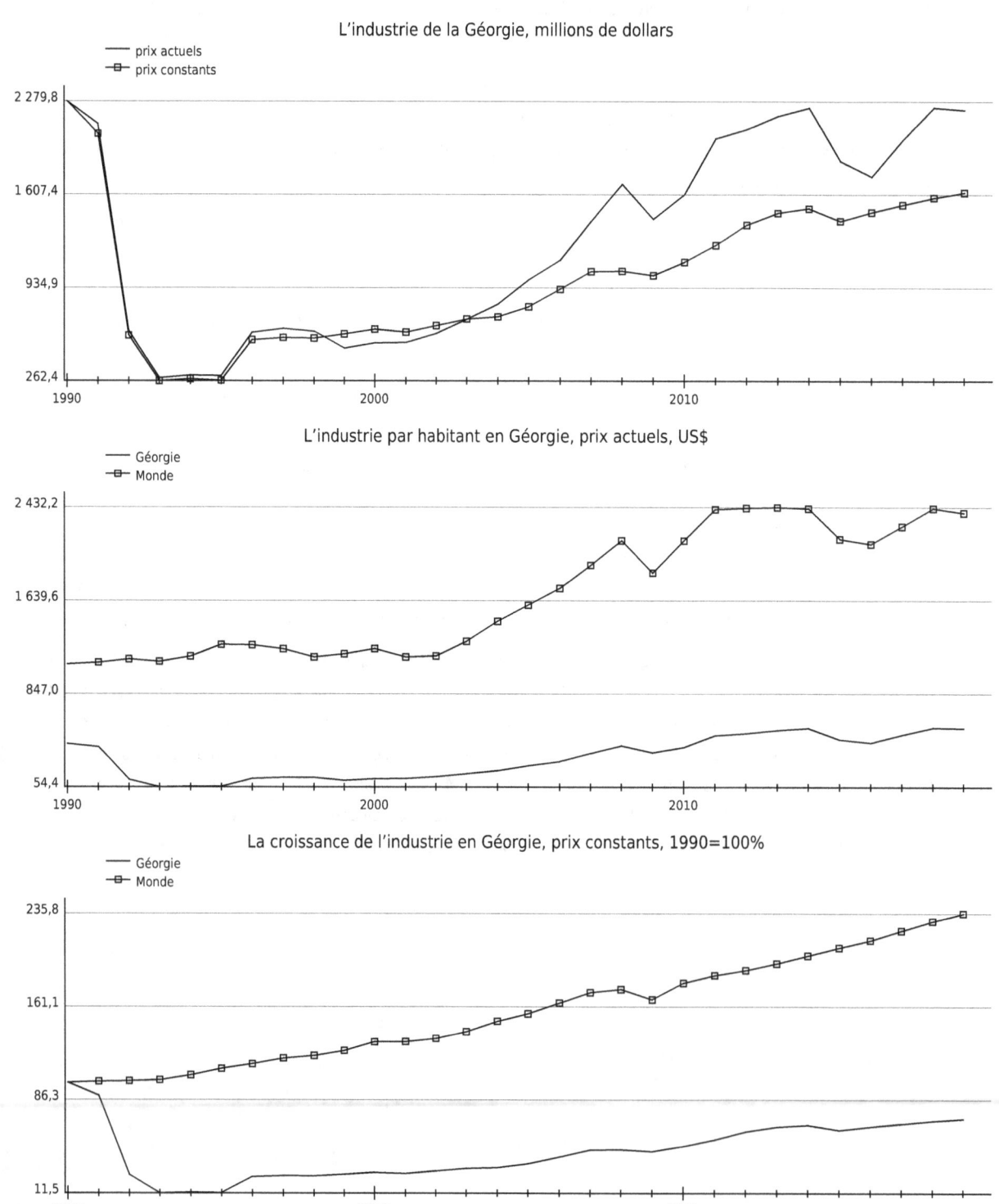

Chapitre V. Industrie

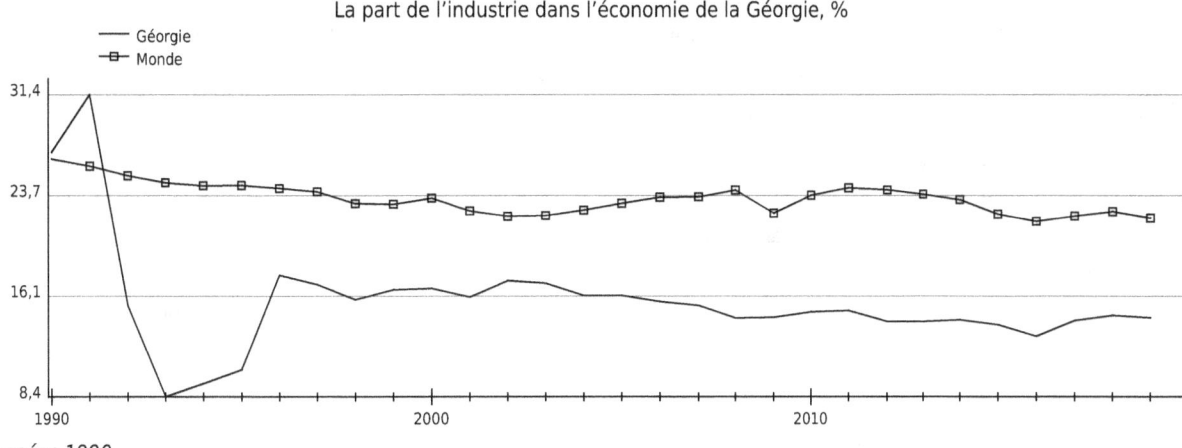

La part de l'industrie dans l'économie de la Géorgie, %

Les années 1990

L'industrie de la Géorgie était de 827,7 millions de dollars par an dans les années 1990, se classant au 117ème rang mondial à égalité avec Maurice (815,4 millions de dollars). La part dans le monde était de 0,012% et de 0,037% en Asie.

La part de l'industrie dans l'économie de la Géorgie était de 19,3% dans les années 1990, au 129ème rang mondial, à égalité avec la Syrie (19,3%), l'Ouzbékistan (19,3%), le Kenya (19,5%).

L'industrie par habitant en Géorgie était de 165.7 dollars dans les années 1990, se situant au 147ème rang mondial, à égalité avec les Samoa (165,0 de dollars), le Nigeria (166,7 de dollars), la Mongolie (161,9 de dollars). L'industrie par habitant en Géorgie était 7,1 fois inférieure l'industrie par habitant au Monde (1 175,6 US$), et 3,9 fois inférieure l'industrie par habitant en Asie (639,7 US$).

La croissance de l'industrie en Géorgie était de -13.8% dans les années 1990, se classant au 206ème rang mondial. La croissance de l'industrie en Géorgie (-13,8%) a été inférieure à celle du monde (2,5%), et inférieure à celle de l'Asie (5,5%).

Comparaison avec les voisins. L'industrie de la Géorgie était supérieure à celle de l'Arménie (443,1 millions de dollars); mais inférieure à celle de la Russie (138,6 milliards de dollars), de la Turquie (63,2 milliards de dollars) et de l'Azerbaïdjan (1,1 milliards de dollars). L'industrie par habitant en Géorgie était supérieure à celle de l'Azerbaïdjan (145,9 de dollars) et de l'Arménie (134,8 de dollars); mais inférieure à celle de la Turquie (1 088,6 de dollars) et de la Russie (937,0 de dollars). La croissance de l'industrie en Géorgie était inférieure à celle de la Turquie (4,2%), de la Russie (-6,8%), de l'Arménie (-10,7%) et de l'Azerbaïdjan (-10,9%).

Comparaison avec les leaders. La valeur ajoutée de l'industrie en Géorgie était inférieure à celle des États-Unis (1,5 billions de dollars), du Japon (1,2 billions de dollars), de l'Allemagne (534,0 milliards de dollars), de la Chine (285,9 milliards de dollars) et du Royaume-Uni (268,6 milliards de dollars). L'industrie par habitant en Géorgie était inférieure à celle du Japon (9 400,9 de dollars), de l'Allemagne (6 621,6 de dollars), des États-Unis (5 704,4 de dollars), du Royaume-Uni (4 639,8 de dollars) et de la Chine (231,9 de dollars). La croissance de l'industrie en Géorgie était inférieure à celle de la Chine (13,1%), des États-Unis (2,8%), du Japon (1,3%), du Royaume-Uni (1,2%) et de l'Allemagne (0,33%).

Les années 2000

Le secteur de l'industrie en Géorgie était de 986,2 millions de dollars par an dans les années 2000, se classant au 130ème rang mondial à égalité avec la Nouvelle-Calédonie (973,2 millions de dollars), la Mauritanie (966,6 millions de dollars), l'Éthiopie (964,9 millions de dollars). La part dans le monde était de 0,0096% et de 0,026% en Asie.

La part de l'industrie dans l'économie de la Géorgie était de 15,5% dans les années 2000, se situant au 145ème rang mondial, à égalité avec les Fidji (15,5%), la Birmanie (15,6%), le Togo (15,4%).

L'industrie par habitant en Géorgie était de 233.6 dollars dans les années 2000, se classant au 151ème rang mondial, à égalité avec le Cameroun (235,5 de dollars), le Cap-Vert (229,4 de dollars), le Viêt Nam (228,2 de dollars). L'industrie par habitant en Géorgie était 6,7 fois inférieure l'industrie par habitant au Monde (1 573,8 US$), et 4,1 fois inférieure l'industrie par habitant en Asie (951,8 US$).

La croissance de l'industrie en Géorgie était de 5.5% dans les années 2000, au 39ème rang mondial. La croissance de l'industrie en Géorgie (5,5%) a été supérieure à celle du monde (2,9%), et inférieure à celle de l'Asie (5,7%).

Comparaison avec les voisins. La valeur de l'industrie en Géorgie était supérieure à celle de l'Arménie (937,0 millions de dollars); mais inférieure à celle de la Russie (207,1 milliards de dollars), de la Turquie (90,6 milliards de dollars) et de l'Azerbaïdjan (10,1 milliards de dollars). L'industrie par habitant en Géorgie était inférieure à celle de la Russie (1 435,1 de dollars), de la Turquie (1 345,5 de dollars), de l'Azerbaïdjan (1 187,4 de dollars) et de l'Arménie (314,0 de dollars). La croissance de l'industrie en Géorgie était supérieure à celle de la Turquie (3,6%) et de la Russie (3,5%); mais inférieure à celle de l'Azerbaïdjan (18,6%) et de l'Arménie (6,2%).

Comparaison avec les leaders. La valeur de l'industrie en Géorgie était inférieure à celle des États-Unis (2,1 billions de dollars), du Japon (1,1 billions de dollars), de la Chine (1,1 billions de dollars), de l'Allemagne (629,4 milliards de dollars) et du Royaume-Uni (345,1 milliards de dollars). L'industrie par habitant en Géorgie était inférieure à celle du Japon (8 848,8 de dollars), de l'Allemagne (7 732,1 de dollars), des États-Unis (7 144,5 de dollars), du Royaume-Uni (5 710,8 de dollars) et de la Chine (795,3 de dollars). La croissance de l'industrie en Géorgie était supérieure à celle des États-Unis (1,5%), de l'Allemagne (0,19%), du Japon (0,15%) et du Royaume-Uni (-1,1%); mais inférieure à celle de la Chine (11,1%).

Les années 2010

La valeur ajoutée de l'industrie en Géorgie était de 2,0 milliards de dollars par an dans les années 2010, se situant au 131ème rang mondial. La part dans le monde était de 0,012% et de 0,025% en Asie.

La part de l'industrie dans l'économie de la Géorgie était de 14,3% dans les années 2010, se situant au 144ème rang mondial, à égalité avec l'Ouganda (14,4%).

L'industrie par habitant en Géorgie était de 499.1 dollars dans les années 2010, se situant au 145ème rang mondial, à égalité avec le Laos (496,4 de dollars), le Ghana (506,7 de dollars), l'Afrique (489,1 de dollars). L'industrie par habitant en Géorgie était 4,7 fois inférieure l'industrie par habitant au Monde (2 320,9 US$), et 3,7 fois inférieure l'industrie par habitant en Asie (1 847,0 US$).

La croissance de l'industrie en Géorgie était de 4.7% dans les années 2010, se classant au 53ème rang mondial. La croissance de l'industrie en Géorgie (4,7%) a été supérieure à celle du monde (3,5%), et inférieure à celle de l'Asie (5,6%).

Comparaison avec les voisins. La valeur de l'industrie en Géorgie était 5,7% supérieure à celle de l'Arménie (1,9 milliards de dollars); mais 203,7 fois inférieure à celle de la Russie (410,4 milliards de dollars), 85,0 fois inférieure à celle de la Turquie (171,2 milliards de dollars) et 12,4 fois inférieure à celle de l'Azerbaïdjan (25,1 milliards de dollars). L'industrie par habitant en Géorgie était 5,7 fois inférieure à celle de la Russie (2 835,1 de dollars), 5,3 fois inférieure à celle de l'Azerbaïdjan (2 623,6 de dollars), 4,4 fois inférieure à celle de la Turquie (2 198,6 de dollars) et 23,6% inférieure à celle de l'Arménie (653,5 de dollars). La croissance de l'industrie en Géorgie était supérieure à celle de la Russie (1,7%) et de l'Azerbaïdjan (-1,4%); mais inférieure à celle de l'Arménie (6,9%) et de la Turquie (6,4%).

Comparaison avec les leaders. La valeur de l'industrie en Géorgie était 1 827,8 fois inférieure à celle de la Chine (3,7 billions de dollars), 1 360,5 fois inférieure à celle des États-Unis (2,7 billions de dollars), 590,7 fois inférieure à celle du Japon (1,2 billions de dollars), 416,8 fois inférieure à celle de l'Allemagne (840,0 milliards de dollars) et 220,0 fois inférieure à celle de l'Inde (443,4 milliards de dollars). L'industrie par habitant en Géorgie était 46,5% supérieure à celle de l'Inde (340,6 de dollars); mais 20,6 fois inférieure à celle de l'Allemagne (10 261,3 de dollars), 18,6 fois inférieure à celle du Japon (9 305,3 de dollars), 17,2 fois inférieure à celle des États-Unis (8 581,2 de dollars) et 5,3 fois inférieure à celle de la Chine (2 626,2 de dollars). La croissance de l'industrie en Géorgie était supérieure à celle de l'Allemagne (3,2%), du Japon (2,6%) et des États-Unis (2,2%); mais inférieure à celle de la Chine (7,5%) et de l'Inde (6,5%).

Chapitre 5.1. Fabrication

(ISIC D)

Le secteur de la fabrication en Géorgie est passé de 694,8 millions de dollars par an dans les années 1990 à 1,5 milliards de dollars par an dans les années 2010, c'est-à-dire 756,3 millions de dollars ou de 2,1 fois. La variation a été de 365,1 millions de dollars en raison de l'augmentation de 1,3 fois des prix, et de 524,5 millions de dollars en raison de la croissance de productivité de 1,9 fois, et de -133,2 millions de dollars en raison du déclin de la population. La croissance annuelle moyenne de la fabrication était de -2,0%. La valeur maximale était de 2,1 milliards de dollars en 1990. La valeur minimale était de 204,9 millions de dollars en 1994.

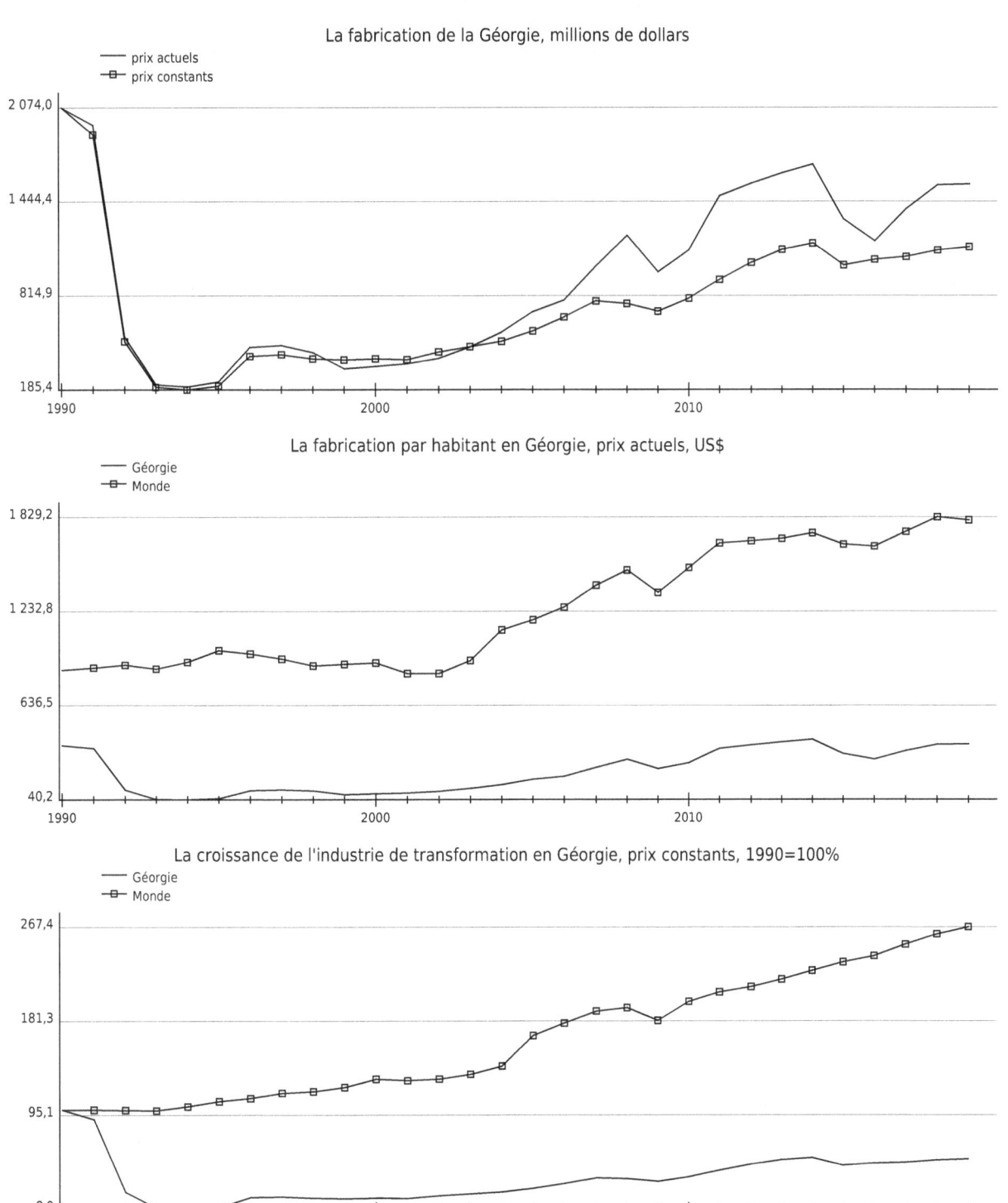

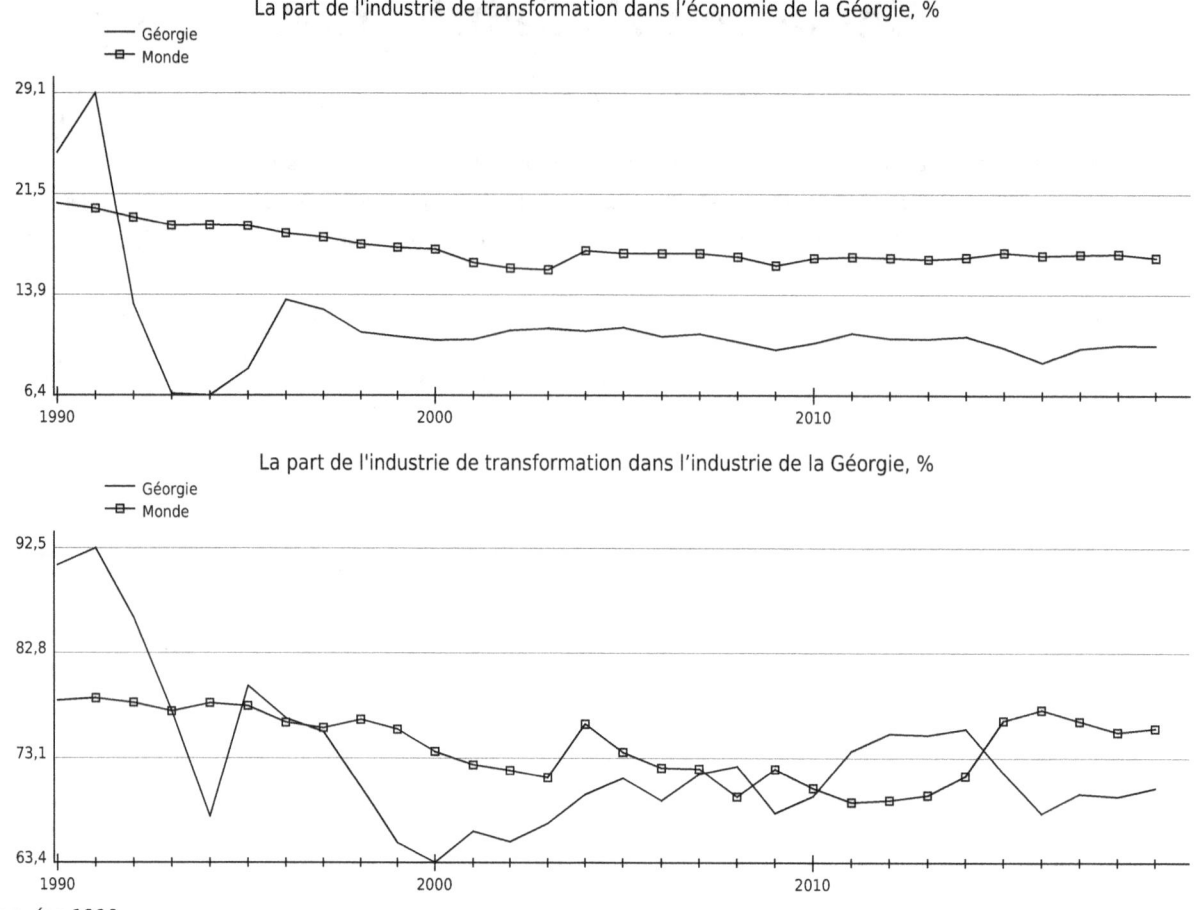

Les années 1990

La valeur de la fabrication en Géorgie était de 694,8 millions de dollars par an dans les années 1990, se classant au 105ème rang mondial à égalité avec le Tadjikistan (681,9 millions de dollars). La part dans le monde était de 0,013% et de 0,044% en Asie.

La part de la fabrication dans l'économie de la Géorgie était de 16,2% dans les années 1990, se classant au 86ème rang mondial, à égalité avec la République centrafricaine (16,3%).

La fabrication par habitant en Géorgie était de 139.1 dollars dans les années 1990, au 129ème rang mondial, à égalité avec la Bolivie (139,2 de dollars), la Moldavie (137,5 de dollars), la Mélanésie (141,5 de dollars). La fabrication par habitant en Géorgie était 6,5 fois inférieure la fabrication par habitant au Monde (908,4 US$), et 3,3 fois inférieure la fabrication par habitant en Asie (456,2 US$).

La croissance de la fabrication en Géorgie était de -17,1% dans les années 1990, se classant au 205ème rang mondial. La croissance de l'industrie de transformation en Géorgie (-17,1%) a été inférieure à celle du monde (2,0%), et inférieure à celle de l'Asie (3,5%).

Comparaison avec les voisins. La valeur de la fabrication en Géorgie était supérieure à celle de l'Azerbaïdjan (626,8 millions de dollars) et de l'Arménie (384,4 millions de dollars); mais inférieure à celle de la Russie (92,7 milliards de dollars) et de la Turquie (56,3 milliards de dollars). La fabrication par habitant en Géorgie était supérieure à celle de l'Arménie (117,0 de dollars) et de l'Azerbaïdjan (81,5 de dollars); mais inférieure à celle de la Turquie (970,4 de dollars) et de la Russie (626,6 de dollars). La croissance de la fabrication en Géorgie était inférieure à celle de la Turquie (4,5%), de la Russie (-6,8%), de l'Azerbaïdjan (-10,9%) et de l'Arménie (-16,4%).

Comparaison avec les leaders. La valeur ajoutée de l'industrie de transformation en Géorgie était inférieure à celle des États-Unis (1,2 billions de dollars), du Japon (1,0 billions de dollars), de l'Allemagne (468,8 milliards de dollars), de l'Italie (227,8 milliards de dollars) et de la France (215,0 milliards de dollars). La fabrication par habitant en Géorgie était inférieure à celle du Japon (8 305,2 de dollars), de l'Allemagne (5 813,5 de dollars), des États-Unis (4 707,3 de dollars), de l'Italie (3 994,1 de dollars) et de la France (3 621,1 de dollars). La croissance de l'industrie de transformation en Géorgie était inférieure à celle des États-Unis (3,2%), de la France (2,4%), de l'Italie (1,2%), du Japon (1,1%) et de l'Allemagne (0,26%).

Les années 2000

Chapitre 5.1. Fabrication

La fabrication de la Géorgie était de 682,9 millions de dollars par an dans les années 2000, se classant au 129ème rang mondial. La part dans le monde était de 0,0092% et de 0,026% en Asie.

La part de l'industrie de transformation dans l'économie de la Géorgie était de 10,8% dans les années 2000, se classant au 120ème rang mondial, à égalité avec l'Océanie (10,7%), les Seychelles (10,7%), la Macédoine du Nord (10,8%).

La fabrication par habitant en Géorgie était de 161.8 dollars dans les années 2000, au 137ème rang mondial, à égalité avec le Nicaragua (162,1 de dollars). La fabrication par habitant en Géorgie était 7,0 fois inférieure la fabrication par habitant au Monde (1 138,1 US$), et 4,1 fois inférieure la fabrication par habitant en Asie (659,1 US$).

La croissance de l'industrie de transformation en Géorgie était de 6.3% dans les années 2000, au 46ème rang mondial, à égalité avec la Lituanie (6,3%). La croissance de l'industrie de transformation en Géorgie (6,3%) a été supérieure à celle du monde (4,2%), et inférieure à celle de l'Asie (10,5%).

Comparaison avec les voisins. La fabrication de la Géorgie était supérieure à celle de l'Arménie (594,5 millions de dollars); mais inférieure à celle de la Russie (120,8 milliards de dollars), de la Turquie (77,0 milliards de dollars) et de l'Azerbaïdjan (1,1 milliards de dollars). La fabrication par habitant en Géorgie était supérieure à celle de l'Azerbaïdjan (128,2 de dollars); mais inférieure à celle de la Turquie (1 142,6 de dollars), de la Russie (837,1 de dollars) et de l'Arménie (199,2 de dollars). La croissance de l'industrie de transformation en Géorgie était supérieure à celle de la Turquie (4,1%) et de la Russie (3,6%); mais inférieure à celle de l'Azerbaïdjan (7,3%) et de l'Arménie (6,8%).

Comparaison avec les leaders. Le secteur de la fabrication en Géorgie était inférieur à celui des États-Unis (1,6 billions de dollars), de la Chine (1,1 billions de dollars), du Japon (992,9 milliards de dollars), de l'Allemagne (551,4 milliards de dollars) et de l'Italie (277,2 milliards de dollars). La fabrication par habitant en Géorgie était inférieure à celle du Japon (7 746,3 de dollars), de l'Allemagne (6 773,6 de dollars), des États-Unis (5 600,5 de dollars), de l'Italie (4 780,8 de dollars) et de la Chine (815,3 de dollars). La croissance de l'industrie de transformation en Géorgie était supérieure à celle des États-Unis (1,6%), du Japon (0,32%), de l'Allemagne (0,097%) et de l'Italie (-1,3%).

Les années 2010

La valeur de l'industrie de transformation en Géorgie était de 1,5 milliards de dollars par an dans les années 2010, se situant au 120ème rang mondial à égalité avec la Syrie (1,4 milliards de dollars), la Namibie (1,4 milliards de dollars), le Burkina Faso (1,4 milliards de dollars). La part dans le monde était de 0,012% et de 0,023% en Asie.

La part de l'industrie de transformation dans l'économie de la Géorgie était de 10,3% dans les années 2010, se situant au 118ème rang mondial, à égalité avec l'Afrique centrale (10,2%), le Royaume-Uni (10,3%).

La fabrication par habitant en Géorgie était de 359.4 dollars dans les années 2010, au 121ème rang mondial, à égalité avec d'Antigua-et-Barbuda (357,3 de dollars), l'Ukraine (364,1 de dollars), l'Afrique du Nord (367,7 de dollars). La fabrication par habitant en Géorgie était 4,7 fois inférieure la fabrication par habitant au Monde (1 697,4 US$), et 3,9 fois inférieure la fabrication par habitant en Asie (1 401,2 US$).

La croissance de l'industrie de transformation en Géorgie était de 4.8% dans les années 2010, se situant au 51ème rang mondial. La croissance de l'industrie de transformation en Géorgie (4,8%) a été supérieure à celle du monde (3,9%), et inférieure à celle de l'Asie (6,0%).

Comparaison avec les voisins. La fabrication de la Géorgie était 26,4% supérieure à celle de l'Arménie (1,1 milliards de dollars); mais 146,2 fois inférieure à celle de la Russie (212,1 milliards de dollars), 98,9 fois inférieure à celle de la Turquie (143,5 milliards de dollars) et 43,8% inférieure à celle de l'Azerbaïdjan (2,6 milliards de dollars). La fabrication par habitant en Géorgie était 33,0% supérieure à celle de l'Azerbaïdjan (270,2 de dollars); mais 5,1 fois inférieure à celle de la Turquie (1 842,4 de dollars), 4,1 fois inférieure à celle de la Russie (1 465,5 de dollars) et 8,7% inférieure à celle de l'Arménie (393,7 de dollars). La croissance de la fabrication en Géorgie était supérieure à celle de l'Azerbaïdjan (4,3%) et de la Russie (2,1%); mais inférieure à celle de l'Arménie (7,9%) et de la Turquie (6,3%).

Comparaison avec les leaders. La fabrication de la Géorgie était 2 146,8 fois inférieure à celle de la Chine (3,1 billions de dollars), 1 426,9 fois inférieure à celle des États-Unis (2,1 billions de dollars), 730,5 fois inférieure à celle du Japon (1,1 billions de dollars), 506,7 fois inférieure à celle de l'Allemagne (735,2 milliards de dollars) et 269,1 fois inférieure à celle de la Corée du Sud (390,5 milliards de dollars). La fabrication par habitant en Géorgie était 25,0 fois inférieure à celle de l'Allemagne (8 981,7 de dollars), 23,1 fois inférieure à celle du Japon (8 286,2 de dollars), 21,5 fois inférieure à celle de la Corée du Sud (7 723,3 de dollars), 18,0 fois inférieure à celle des États-Unis (6 481,0 de dollars) et 6,2 fois inférieure à celle de la Chine (2 221,3 de dollars). La croissance de la fabrication en Géorgie était supérieure à celle de la Corée du Sud (3,8%), de l'Allemagne (3,5%), du Japon (3,0%) et des États-Unis (1,9%); mais inférieure à celle de la Chine (7,5%).

Chapitre VI. Construction

(ISIC F)

La construction de la Géorgie est passé de 206,2 millions de dollars par an dans les années 1990 à 1,0 milliards de dollars par an dans les années 2010, c'est-à-dire 831,4 millions de dollars ou de 5,0 fois. La variation a été de 577,4 millions de dollars en raison de l'augmentation de 2,3 fois des prix, et de 293,5 millions de dollars en raison de la croissance de productivité de 2,8 fois, et de -39,5 millions de dollars en raison du déclin de la population. La croissance annuelle moyenne de la construction était de -1,1%. La valeur minimale était de 17,8 millions de dollars en 1993. La valeur maximale était de 1,3 milliards de dollars en 2019.

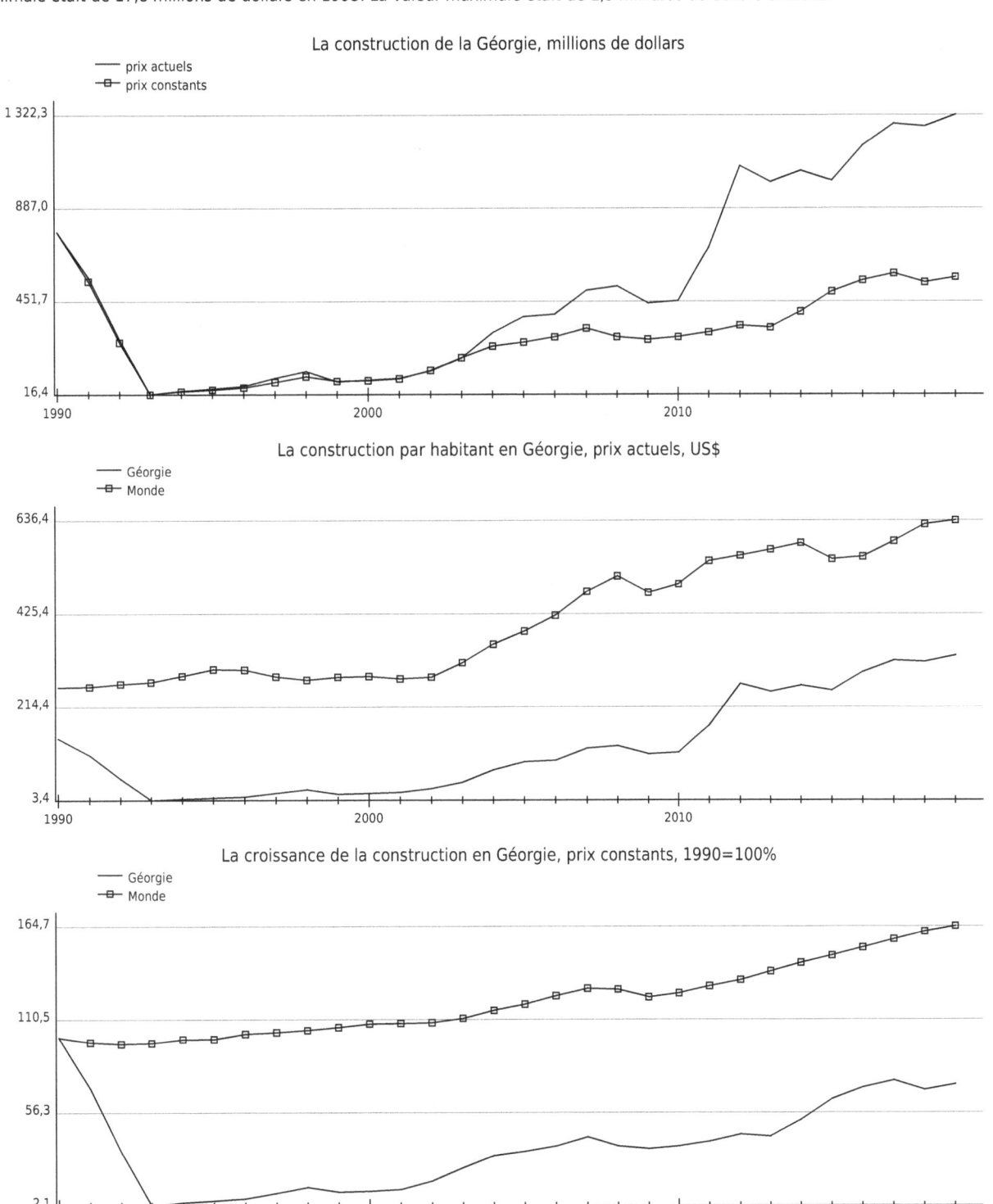

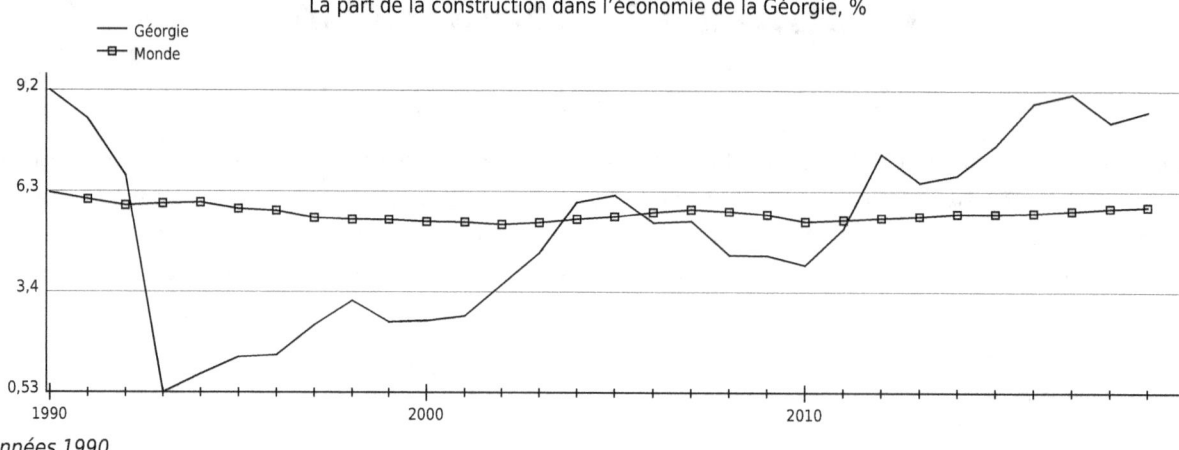

Les années 1990

La construction de la Géorgie était de 206,2 millions de dollars par an dans les années 1990, au 124ème rang mondial à égalité avec l'Ouganda (207,8 millions de dollars), la Nouvelle-Calédonie (208,0 millions de dollars), la Bolivie (208,5 millions de dollars). La part dans le monde était de 0,013% et de 0,037% en Asie.

La part de la construction dans l'économie de la Géorgie était de 4,8% dans les années 1990, se classant au 135ème rang mondial, à égalité avec l'Égypte (4,8%), le Nicaragua (4,8%), le Danemark (4,8%).

La construction par habitant en Géorgie était de 41.3 dollars dans les années 1990, se situant au 151ème rang mondial, à égalité avec la Papouasie-Nouvelle-Guinée (41,4 de dollars). La construction par habitant en Géorgie était 6,8 fois inférieure la construction par habitant au Monde (278,6 US$), et 3,8 fois inférieure la construction par habitant en Asie (158,8 US$).

La croissance de la construction en Géorgie était de -22.5% dans les années 1990, se classant au 207ème rang mondial. La croissance de la construction en Géorgie (-22,5%) a été inférieure à celle du monde (0,71%), et inférieure à celle de l'Asie (2,3%).

Comparaison avec les voisins. Le secteur de la construction en Géorgie était supérieur à celui de l'Arménie (147,6 millions de dollars); mais inférieur à celui de la Russie (34,1 milliards de dollars), de la Turquie (14,8 milliards de dollars) et de l'Azerbaïdjan (382,1 millions de dollars). La construction par habitant en Géorgie était inférieure à celle de la Turquie (255,0 de dollars), de la Russie (230,4 de dollars), de l'Azerbaïdjan (49,7 dollars) et de l'Arménie (44,9 de dollars). La croissance de la construction en Géorgie était inférieure à celle de l'Azerbaïdjan (8,0%), de la Turquie (1,4%), de la Russie (-12,1%) et de l'Arménie (-13,3%).

Comparaison avec les leaders. La valeur ajoutée de la construction en Géorgie était inférieure à celle du Japon (343,2 milliards de dollars), des États-Unis (299,1 milliards de dollars), de l'Allemagne (125,2 milliards de dollars), du Royaume-Uni (69,8 milliards de dollars) et de la France (68,8 milliards de dollars). La construction par habitant en Géorgie était inférieure à celle du Japon (2 721,7 de dollars), de l'Allemagne (1 552,3 de dollars), du Royaume-Uni (1 205,1 de dollars), de la France (1 158,8 de dollars) et des États-Unis (1 131,2 de dollars). La croissance de la construction en Géorgie était inférieure à celle des États-Unis (1,8%), de l'Allemagne (-0,047%), du Royaume-Uni (-0,34%), de la France (-0,65%) et du Japon (-1,0%).

Les années 2000

La valeur ajoutée de la construction en Géorgie était de 303,5 millions de dollars par an dans les années 2000, au 134ème rang mondial à égalité avec l'Andorre (309,2 millions de dollars). La part dans le monde était de 0,012% et de 0,042% en Asie.

La part de la construction dans l'économie de la Géorgie était de 4,8% dans les années 2000, se classant au 149ème rang mondial, à égalité avec la Tunisie (4,8%), la Polynésie française (4,8%), le Brésil (4,8%).

La construction par habitant en Géorgie était de 71.9 dollars dans les années 2000, au 146ème rang mondial, à égalité avec Micronésie (71,8 de dollars), le Sri Lanka (73,0 de dollars), la Jordanie (73,1 de dollars). La construction par habitant en Géorgie était 5,3 fois inférieure la construction par habitant au Monde (381,3 US$), et 2,5 fois inférieure la construction par habitant en Asie (181,9 US$).

La croissance de la construction en Géorgie était de 13.3% dans les années 2000, se situant au 19ème rang mondial, à égalité avec Madagascar (13,2%), l'Ouganda (13,3%). La croissance de la construction en Géorgie (13,3%) a été supérieure à celle du monde (1,5%), et supérieure à celle de l'Asie (4,4%).

Chapitre VI. Construction

Comparaison avec les voisins. La valeur de la construction en Géorgie était inférieure à celle de la Russie (40,5 milliards de dollars), de la Turquie (26,8 milliards de dollars), de l'Azerbaïdjan (1,5 milliards de dollars) et de l'Arménie (1,1 milliards de dollars). La construction par habitant en Géorgie était inférieure à celle de la Turquie (398,2 de dollars), de l'Arménie (370,5 de dollars), de la Russie (280,3 de dollars) et de l'Azerbaïdjan (173,6 de dollars). La croissance de la construction en Géorgie était supérieure à celle de la Russie (8,1%) et de la Turquie (5,9%); mais inférieure à celle de l'Azerbaïdjan (20,4%) et de l'Arménie (15,8%).

Comparaison avec les leaders. La construction de la Géorgie était inférieure à celle des États-Unis (583,0 milliards de dollars), du Japon (270,5 milliards de dollars), de la Chine (150,1 milliards de dollars), du Royaume-Uni (132,1 milliards de dollars) et de l'Espagne (111,8 milliards de dollars). La construction par habitant en Géorgie était inférieure à celle de l'Espagne (2 560,2 de dollars), du Royaume-Uni (2 186,4 de dollars), du Japon (2 110,1 de dollars), des États-Unis (1 983,7 de dollars) et de la Chine (113,1 de dollars). La croissance de la construction en Géorgie était supérieure à celle de la Chine (11,9%), de l'Espagne (1,7%), du Royaume-Uni (0,17%), des États-Unis (-2,6%) et du Japon (-3,9%).

Les années 2010

Le secteur de la construction en Géorgie était de 1,0 milliards de dollars par an dans les années 2010, se classant au 118ème rang mondial à égalité avec l'Islande (1,0 milliards de dollars), la Syrie (1,1 milliards de dollars). La part dans le monde était de 0,025% et de 0,060% en Asie.

La part de la construction dans l'économie de la Géorgie était de 7,3% dans les années 2010, au 62ème rang mondial, à égalité avec la Russie (7,4%), la Jamaïque (7,4%), Bahreïn (7,3%).

La construction par habitant en Géorgie était de 257 dollars dans les années 2010, au 127ème rang mondial, à égalité avec la Serbie (252,5 de dollars). La construction par habitant en Géorgie était 2,2 fois inférieure la construction par habitant au Monde (572,1 US$), et 34,6% inférieure la construction par habitant en Asie (392,9 US$).

La croissance de la construction en Géorgie était de 7.5% dans les années 2010, au 38ème rang mondial, à égalité avec le Zimbabwe (7,5%), les Îles Vierges britanniques (7,5%). La croissance de la construction en Géorgie (7,5%) a été supérieure à celle du monde (2,9%), et supérieure à celle de l'Asie (5,6%).

Comparaison avec les voisins. Le secteur de la construction en Géorgie était 110,7 fois inférieur à celui de la Russie (114,9 milliards de dollars), 61,5 fois inférieur à celui de la Turquie (63,8 milliards de dollars), 5,4 fois inférieur à celui de l'Azerbaïdjan (5,6 milliards de dollars) et 3,4% inférieur à celui de l'Arménie (1,1 milliards de dollars). La construction par habitant en Géorgie était 3,2 fois inférieure à celle de la Turquie (818,9 de dollars), 3,1 fois inférieure à celle de la Russie (793,7 de dollars), 2,3 fois inférieure à celle de l'Azerbaïdjan (587,0 de dollars) et 30,2% inférieure à celle de l'Arménie (368,4 de dollars). La croissance de la construction en Géorgie était supérieure à celle de la Turquie (7,4%), de l'Azerbaïdjan (2,8%), de la Russie (1,8%) et de l'Arménie (-2,8%).

Comparaison avec les leaders. La valeur de la construction en Géorgie était 704,6 fois inférieure à celle de la Chine (731,1 milliards de dollars), 656,2 fois inférieure à celle des États-Unis (680,8 milliards de dollars), 268,6 fois inférieure à celle du Japon (278,7 milliards de dollars), 162,0 fois inférieure à celle de l'Inde (168,1 milliards de dollars) et 147,7 fois inférieure à celle de l'Allemagne (153,2 milliards de dollars). La construction par habitant en Géorgie était 99,0% supérieure à celle de l'Inde (129,1 de dollars); mais 8,5 fois inférieure à celle du Japon (2 178,3 de dollars), 8,3 fois inférieure à celle des États-Unis (2 130,9 de dollars), 7,3 fois inférieure à celle de l'Allemagne (1 871,9 de dollars) et 2,0 fois inférieure à celle de la Chine (521,3 de dollars). La croissance de la construction en Géorgie était supérieure à celle de l'Inde (5,2%), de l'Allemagne (1,8%), du Japon (1,7%) et des États-Unis (1,4%); mais inférieure à celle de la Chine (8,2%).

Chapitre VII. Transport

Transport et stockage (ISIC I)

Le transport de la Géorgie est passé de 305,3 millions de dollars par an dans les années 1990 à 1,4 milliards de dollars par an dans les années 2010, c'est-à-dire 1,1 milliards de dollars ou de 4,5 fois. La variation a été de 356,8 millions de dollars en raison de l'augmentation de 1,4 fois des prix, et de 766,8 millions de dollars en raison de la croissance de productivité de 4,1 fois, et de -58,6 millions de dollars en raison du déclin de la population. La croissance annuelle moyenne du transport était de 2,0%. La valeur minimale était de 114,0 millions de dollars en 1993. La valeur maximale était de 1,6 milliards de dollars en 2012.

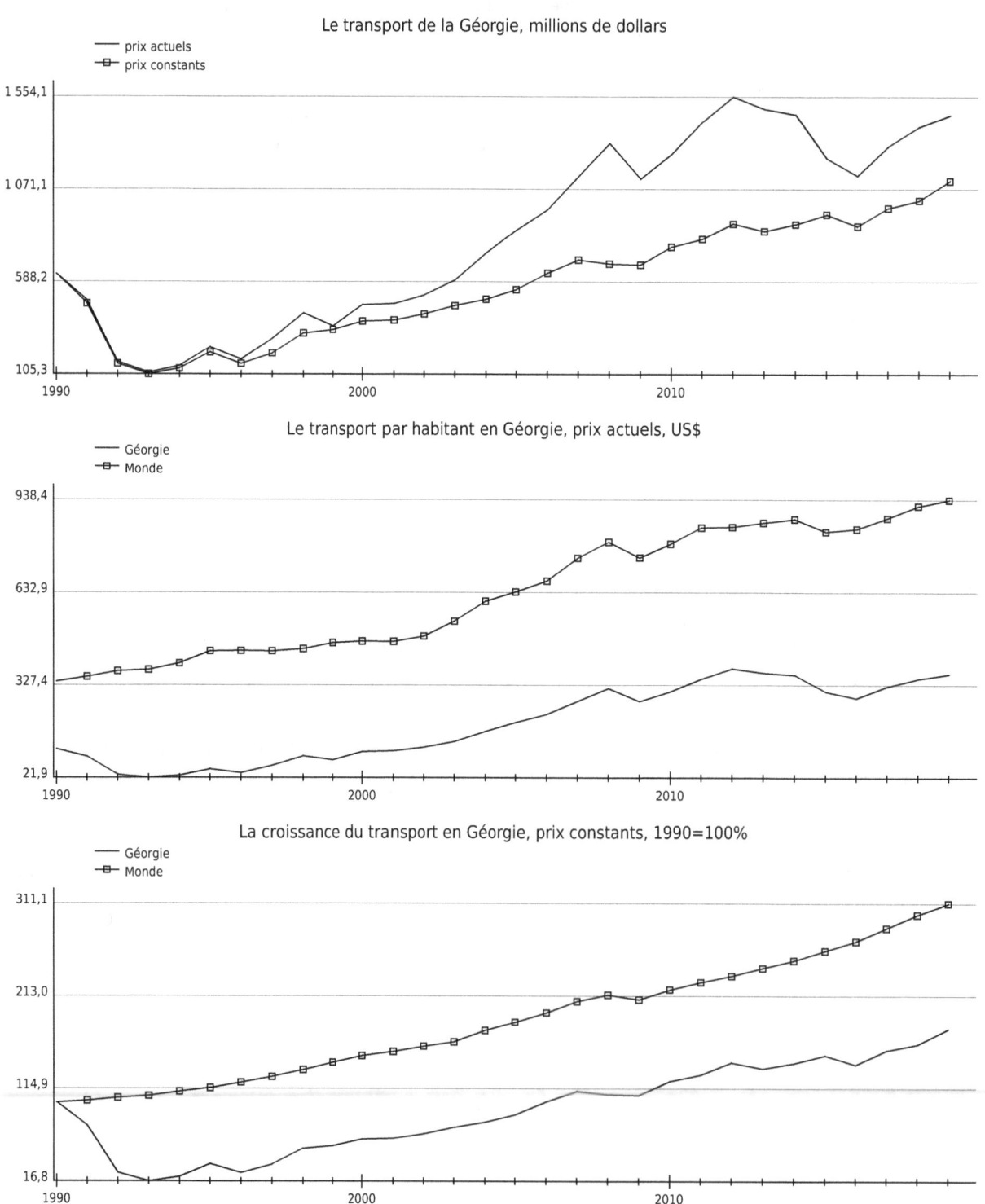

Chapitre VII. Transport

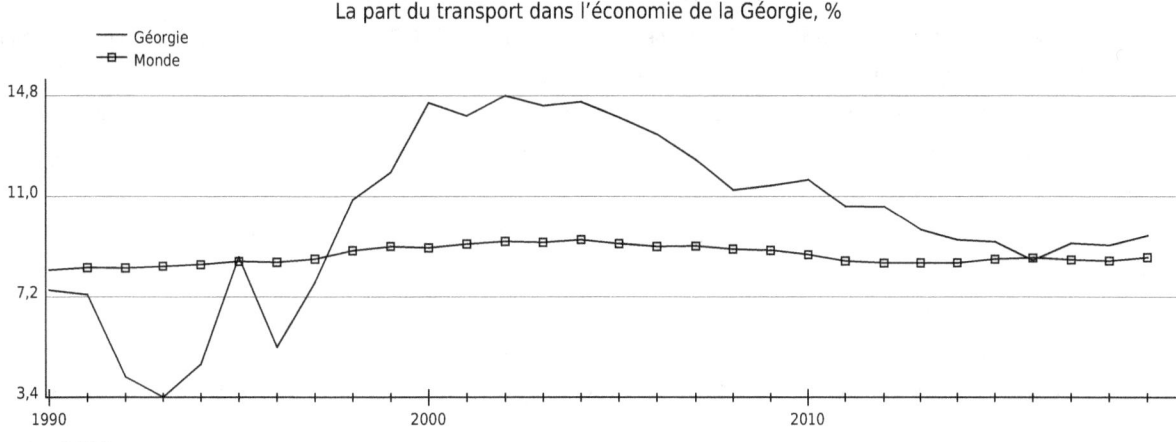

Les années 1990

La valeur du transport en Géorgie était de 305,3 millions de dollars par an dans les années 1990, au 117ème rang mondial à égalité avec la Bosnie-Herzégovine (303,1 millions de dollars). La part dans le monde était de 0,013% et de 0,050% en Asie.

La part du transport dans l'économie de la Géorgie était de 7,1% dans les années 1990, se classant au 127ème rang mondial, à égalité avec le Liberia (7,1%), Sierra Leone (7,1%), la Libye (7,1%).

Le transport par habitant en Géorgie était de 61.1 dollars dans les années 1990, au 145ème rang mondial, à égalité avec le Nicaragua (61,2 de dollars), le Honduras (62,3 de dollars). Le transport par habitant en Géorgie était 6,7 fois inférieur le transport par habitant au Monde (409,5 US$), et 2,9 fois inférieur le transport par habitant en Asie (177,2 US$).

La croissance du transport en Géorgie était de -6.6% dans les années 1990, se classant au 192ème rang mondial, à égalité avec la Biélorussie (-6,7%). La croissance du transport en Géorgie (-6,6%) a été inférieure à celle du monde (4,0%), et inférieure à celle de l'Asie (5,4%).

Comparaison avec les voisins. La valeur ajoutée du transport en Géorgie était supérieure à celle de l'Arménie (107,7 millions de dollars); mais inférieure à celle de la Russie (38,4 milliards de dollars), de la Turquie (22,6 milliards de dollars) et de l'Azerbaïdjan (427,0 millions de dollars). Le transport par habitant en Géorgie était supérieur à celui de l'Azerbaïdjan (55,5 de dollars) et de l'Arménie (32,8 de dollars); mais inférieur à celui de la Turquie (389,5 de dollars) et de la Russie (259,8 de dollars). La croissance du transport en Géorgie était supérieure à celle de la Russie (-7,1%), de l'Arménie (-8,2%) et de l'Azerbaïdjan (-10,6%); mais inférieure à celle de la Turquie (5,8%).

Comparaison avec les leaders. Le secteur du transport en Géorgie était inférieur à celui des États-Unis (702,6 milliards de dollars), du Japon (373,9 milliards de dollars), de l'Allemagne (144,3 milliards de dollars), de la France (118,7 milliards de dollars) et du Royaume-Uni (117,6 milliards de dollars). Le transport par habitant en Géorgie était inférieur à celui du Japon (2 965,8 de dollars), des États-Unis (2 656,9 de dollars), du Royaume-Uni (2 031,3 de dollars), de la France (1 999,2 de dollars) et de l'Allemagne (1 789,0 de dollars). La croissance du transport en Géorgie était inférieure à celle des États-Unis (5,0%), de la France (4,8%), du Royaume-Uni (4,7%), de l'Allemagne (3,9%) et du Japon (3,0%).

Les années 2000

La valeur du transport en Géorgie était de 818,5 millions de dollars par an dans les années 2000, se classant au 110ème rang mondial. La part dans le monde était de 0,020% et de 0,078% en Asie.

La part du transport dans l'économie de la Géorgie était de 12,9% dans les années 2000, se classant au 23ème rang mondial, à égalité avec Saint-Martin (12,9%), la Roumanie (13,0%), le Pakistan (13,0%).

Le transport par habitant en Géorgie était de 193.9 dollars dans les années 2000, au 123ème rang mondial, à égalité avec l'Albanie (192,4 de dollars). Le transport par habitant en Géorgie était 3,2 fois inférieur le transport par habitant au Monde (621,1 US$), et 26,8% inférieur le transport par habitant en Asie (264,8 US$).

La croissance du transport en Géorgie était de 7.2% dans les années 2000, se situant au 70ème rang mondial. La croissance du transport en Géorgie (7,2%) a été supérieure à celle du monde (3,9%), et supérieure à celle de l'Asie (5,4%).

Comparaison avec les voisins. La valeur ajoutée du transport en Géorgie était supérieure à celle de l'Arménie (385,2 millions de dollars); mais inférieure à celle de la Russie (65,2 milliards de dollars), de la Turquie (57,0 milliards de dollars) et de l'Azerbaïdjan (1,5 milliards de dollars). Le transport par habitant en Géorgie était supérieur à celui de l'Azerbaïdjan (180,4 de dollars) et de l'Arménie (129,1 de dollars); mais inférieur à celui de la Turquie (845,4 de dollars) et de la Russie (452,0 de dollars). La croissance du transport en Géorgie était supérieure à celle de la Turquie (5,0%) et de la Russie (4,7%); mais inférieure à celle de l'Azerbaïdjan (15,1%) et de l'Arménie (9,3%).

Comparaison avec les leaders. La valeur du transport en Géorgie était inférieure à celle des États-Unis (1,2 billions de dollars), du Japon (468,5 milliards de dollars), de l'Allemagne (228,2 milliards de dollars), du Royaume-Uni (215,9 milliards de dollars) et de la France (185,6 milliards de dollars). Le transport par habitant en Géorgie était inférieur à celui des États-Unis (4 029,0 de dollars), du Japon (3 655,1 de dollars), du Royaume-Uni (3 572,9 de dollars), de la France (2 955,1 de dollars) et de l'Allemagne (2 803,7 de dollars). La croissance du transport en Géorgie était supérieure à celle de l'Allemagne (3,4%), du Royaume-Uni (3,1%), des États-Unis (3,1%), de la France (2,7%) et du Japon (1,5%).

Les années 2010

Le transport de la Géorgie était de 1,4 milliards de dollars par an dans les années 2010, se classant au 117ème rang mondial à égalité avec le Honduras (1,4 milliards de dollars). La part dans le monde était de 0,022% et de 0,072% en Asie.

La part du transport dans l'économie de la Géorgie était de 9,7% dans les années 2010, se situant au 85ème rang mondial, à égalité avec Hong Kong (9,7%), la France (9,7%), la Serbie (9,7%).

Le transport par habitant en Géorgie était de 339.4 dollars dans les années 2010, se situant au 125ème rang mondial, à égalité avec le Turkménistan (344,6 de dollars). Le transport par habitant en Géorgie était 2,5 fois inférieur le transport par habitant au Monde (864,8 US$), et 21,1% inférieur le transport par habitant en Asie (430,2 US$).

La croissance du transport en Géorgie était de 5.1% dans les années 2010, se classant au 82ème rang mondial, à égalité avec les États-Unis (5,1%), le Panama (5,1%), l'Afrique centrale (5,1%). La croissance du transport en Géorgie (5,1%) a été supérieure à celle du monde (4,0%), et supérieure à celle de l'Asie (4,7%).

Comparaison avec les voisins. Le secteur du transport en Géorgie était 91,3% supérieur à celui de l'Arménie (716,3 millions de dollars); mais 89,2 fois inférieur à celui de la Russie (122,2 milliards de dollars), 66,0 fois inférieur à celui de la Turquie (90,5 milliards de dollars) et 3,0 fois inférieur à celui de l'Azerbaïdjan (4,1 milliards de dollars). Le transport par habitant en Géorgie était 38,2% supérieur à celui de l'Arménie (245,6 de dollars); mais 3,4 fois inférieur à celui de la Turquie (1 162,0 de dollars), 2,5 fois inférieur à celui de la Russie (844,4 de dollars) et 20,1% inférieur à celui de l'Azerbaïdjan (424,7 de dollars). La croissance du transport en Géorgie était supérieure à celle de la Russie (2,0%); mais inférieure à celle de l'Azerbaïdjan (7,1%), de l'Arménie (6,6%) et de la Turquie (5,5%).

Comparaison avec les leaders. La valeur du transport en Géorgie était 1 305,1 fois inférieure à celle des États-Unis (1,8 billions de dollars), 386,6 fois inférieure à celle du Japon (529,8 milliards de dollars), 338,8 fois inférieure à celle de la Chine (464,2 milliards de dollars), 218,9 fois inférieure à celle de l'Allemagne (300,0 milliards de dollars) et 188,1 fois inférieure à celle du Royaume-Uni (257,7 milliards de dollars). Le transport par habitant en Géorgie était 2,5% supérieur à celui de la Chine (331,0 de dollars); mais 16,5 fois inférieur à celui des États-Unis (5 597,8 de dollars), 12,2 fois inférieur à celui du Japon (4 141,7 de dollars), 11,6 fois inférieur à celui du Royaume-Uni (3 929,2 de dollars) et 10,8 fois inférieur à celui de l'Allemagne (3 665,2 de dollars). La croissance du transport en Géorgie était supérieure à celle des États-Unis (5,1%), du Royaume-Uni (2,8%), de l'Allemagne (2,7%) et du Japon (0,81%); mais inférieure à celle de la Chine (7,5%).

Chapitre VIII. Commerce

Commerce de gros et de détail; restaurants et hôtels (ISIC G-H)

Le secteur du commerce en Géorgie est passé de 435,4 millions de dollars par an dans les années 1990 à 2,6 milliards de dollars par an dans les années 2010, c'est-à-dire 2,2 milliards de dollars ou de 6,0 fois. La variation a été de 1,3 milliards de dollars en raison de l'augmentation de 2,0 fois des prix, et de 944,0 millions de dollars en raison de la croissance de productivité de 3,7 fois, et de -83,5 millions de dollars en raison du déclin de la population. La croissance annuelle moyenne du commerce était de 3,2%. La valeur minimale était de 119,0 millions de dollars en 1992. La valeur maximale était de 3,0 milliards de dollars en 2019.

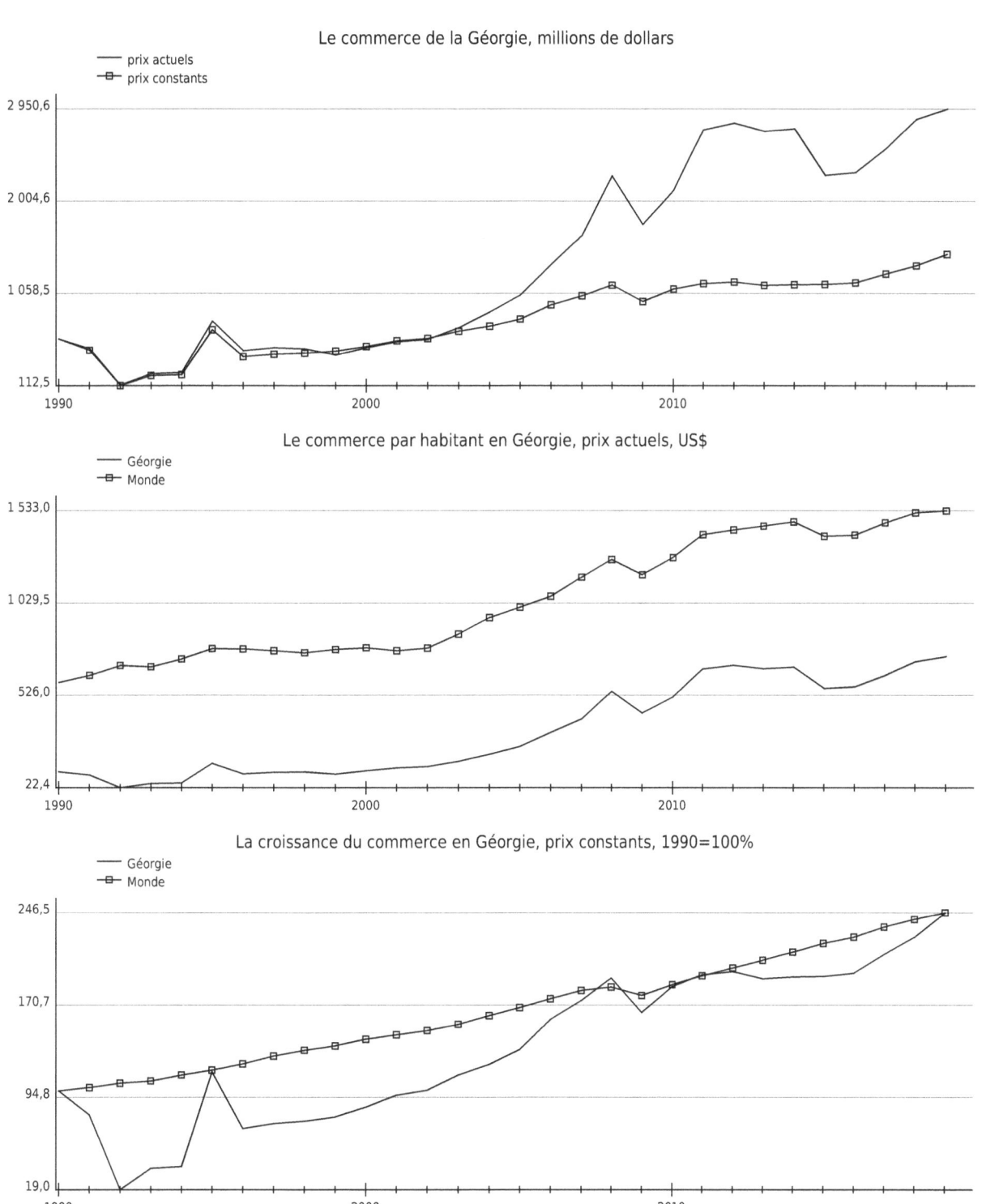

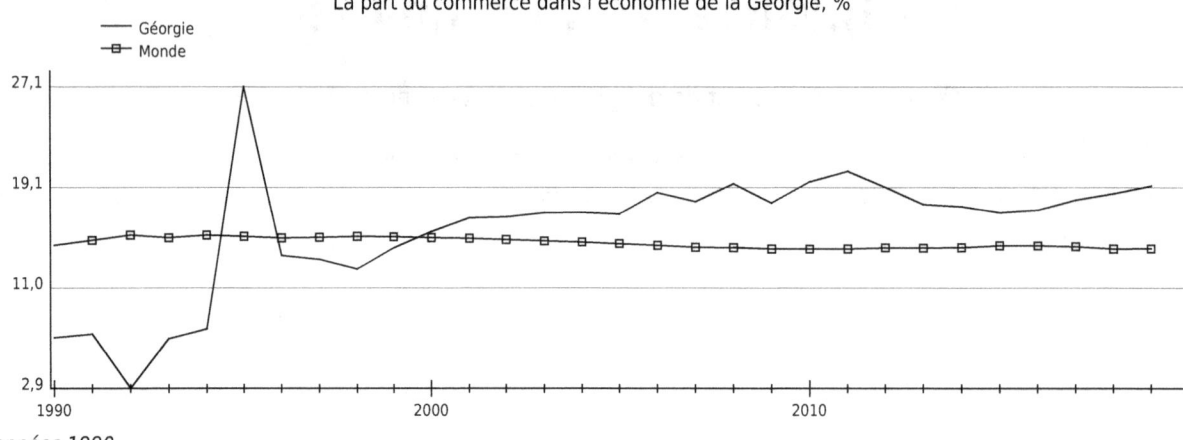

La part du commerce dans l'économie de la Géorgie, %

Les années 1990

Le commerce de la Géorgie était de 435,4 millions de dollars par an dans les années 1990, au 136ème rang mondial à égalité avec la république du Congo (442,3 millions de dollars), le Burkina Faso (443,0 millions de dollars), le Cambodge (444,7 millions de dollars). La part dans le monde était de 0,011% et de 0,037% en Asie.

La part du commerce dans l'économie de la Géorgie était de 10,2% dans les années 1990, se situant au 169ème rang mondial, à égalité avec d'Israël (10,2%).

Le commerce par habitant en Géorgie était de 87.2 dollars dans les années 1990, au 156ème rang mondial, à égalité avec l'Ukraine (88,4 de dollars). Le commerce par habitant en Géorgie était 8,3 fois inférieur le commerce par habitant au Monde (721,8 US$), et 3,9 fois inférieur le commerce par habitant en Asie (337,1 US$).

La croissance du commerce en Géorgie était de -2.6% dans les années 1990, se situant au 185ème rang mondial. La croissance du commerce en Géorgie (-2,6%) a été inférieure à celle du monde (3,5%), et inférieure à celle de l'Asie (4,9%).

Comparaison avec les voisins. Le secteur du commerce en Géorgie était supérieur à celui de l'Azerbaïdjan (239,5 millions de dollars) et de l'Arménie (116,5 millions de dollars); mais inférieur à celui de la Russie (73,9 milliards de dollars) et de la Turquie (35,9 milliards de dollars). Le commerce par habitant en Géorgie était supérieur à celui de l'Arménie (35,4 de dollars) et de l'Azerbaïdjan (31,1 de dollars); mais inférieur à celui de la Turquie (618,2 de dollars) et de la Russie (499,6 de dollars). La croissance du commerce en Géorgie était supérieure à celle de l'Azerbaïdjan (-6,4%); mais inférieure à celle de la Turquie (4,0%), de l'Arménie (3,2%) et de la Russie (-1,9%).

Comparaison avec les leaders. La valeur ajoutée du commerce en Géorgie était inférieure à celle des États-Unis (1,2 billions de dollars), du Japon (713,2 milliards de dollars), de l'Allemagne (243,7 milliards de dollars), de l'Italie (185,6 milliards de dollars) et de la France (177,0 milliards de dollars). Le commerce par habitant en Géorgie était inférieur à celui du Japon (5 656,5 de dollars), des États-Unis (4 395,6 de dollars), de l'Italie (3 255,0 de dollars), de l'Allemagne (3 021,8 de dollars) et de la France (2 980,3 de dollars). La croissance du commerce en Géorgie était inférieure à celle des États-Unis (4,3%), du Japon (3,8%), de l'Allemagne (2,5%), de la France (2,4%) et de l'Italie (1,9%).

Les années 2000

La valeur ajoutée du commerce en Géorgie était de 1,1 milliards de dollars par an dans les années 2000, au 116ème rang mondial à égalité avec la Guinée (1,1 milliards de dollars), Bahreïn (1,1 milliards de dollars), Madagascar (1,1 milliards de dollars). La part dans le monde était de 0,018% et de 0,065% en Asie.

La part du commerce dans l'économie de la Géorgie était de 17,8% dans les années 2000, se situant au 62ème rang mondial, à égalité avec Saint-Marin (17,8%), les Comores (17,8%), Saint-Vincent-et-les-Grenadines (17,8%).

Le commerce par habitant en Géorgie était de 267.6 dollars dans les années 2000, se situant au 132ème rang mondial, à égalité avec l'Indonésie (268,5 de dollars), l'Angola (270,3 de dollars), la Mélanésie (271,0 de dollars). Le commerce par habitant en Géorgie était 3,7 fois inférieur le commerce par habitant au Monde (990,3 US$), et 39,0% inférieur le commerce par habitant en Asie (438,7 US$).

La croissance du commerce en Géorgie était de 7.6% dans les années 2000, se situant au 41ème rang mondial, à égalité avec le Viêt Nam (7,7%). La croissance du commerce en Géorgie (7,6%) a été supérieure à celle du monde (2,7%), et supérieure à celle de l'Asie

Chapitre VIII. Commerce

(4,5%).

Comparaison avec les voisins. Le commerce de la Géorgie était supérieur à celui de l'Arménie (639,0 millions de dollars); mais inférieur à celui de la Russie (143,6 milliards de dollars), de la Turquie (65,3 milliards de dollars) et de l'Azerbaïdjan (1,3 milliards de dollars). Le commerce par habitant en Géorgie était supérieur à celui de l'Arménie (214,2 de dollars) et de l'Azerbaïdjan (152,3 de dollars); mais inférieur à celui de la Russie (995,4 de dollars) et de la Turquie (968,7 de dollars). La croissance du commerce en Géorgie était supérieure à celle de la Turquie (3,1%); mais inférieure à celle de l'Azerbaïdjan (13,3%), de l'Arménie (10,8%) et de la Russie (8,4%).

Comparaison avec les leaders. La valeur du commerce en Géorgie était inférieure à celle des États-Unis (1,9 billions de dollars), du Japon (771,8 milliards de dollars), de l'Allemagne (296,0 milliards de dollars), du Royaume-Uni (293,5 milliards de dollars) et de la Chine (262,0 milliards de dollars). Le commerce par habitant en Géorgie était supérieur à celui de la Chine (197,5 de dollars); mais inférieur à celui des États-Unis (6 383,1 de dollars), du Japon (6 021,3 de dollars), du Royaume-Uni (4 856,7 de dollars) et de l'Allemagne (3 637,0 de dollars). La croissance du commerce en Géorgie était supérieure à celle de l'Allemagne (1,7%), du Royaume-Uni (1,3%), des États-Unis (1,1%) et du Japon (-0,77%); mais inférieure à celle de la Chine (11,9%).

Les années 2010

La valeur du commerce en Géorgie était de 2,6 milliards de dollars par an dans les années 2010, se situant au 114ème rang mondial à égalité avec la Papouasie-Nouvelle-Guinée (2,6 milliards de dollars), le Cambodge (2,5 milliards de dollars). La part dans le monde était de 0,025% et de 0,072% en Asie.

La part du commerce dans l'économie de la Géorgie était de 18,4% dans les années 2010, au 61ème rang mondial, à égalité avec la Bosnie-Herzégovine (18,4%), le Liban (18,4%), la Malaisie (18,5%).

Le commerce par habitant en Géorgie était de 644.6 dollars dans les années 2010, se situant au 122ème rang mondial, à égalité avec la Palestine (650,8 de dollars). Le commerce par habitant en Géorgie était 2,2 fois inférieur le commerce par habitant au Monde (1 436,8 US$), et 21,5% inférieur le commerce par habitant en Asie (821,1 US$).

La croissance du commerce en Géorgie était de 4.1% dans les années 2010, au 83ème rang mondial, à égalité avec Saint-Christophe-et-Niévès (4,1%), la Biélorussie (4,1%), la Bolivie (4,1%). La croissance du commerce en Géorgie (4,1%) a été supérieure à celle du monde (3,3%), et inférieure à celle de l'Asie (5,6%).

Comparaison avec les voisins. La valeur ajoutée du commerce en Géorgie était 81,7% supérieure à celle de l'Arménie (1,4 milliards de dollars); mais 106,5 fois inférieure à celle de la Russie (277,2 milliards de dollars), 47,1 fois inférieure à celle de la Turquie (122,6 milliards de dollars) et 2,2 fois inférieure à celle de l'Azerbaïdjan (5,7 milliards de dollars). Le commerce par habitant en Géorgie était 7,6% supérieur à celui de l'Azerbaïdjan (599,0 de dollars) et 31,3% supérieur à celui de l'Arménie (491,0 de dollars); mais 3,0 fois inférieur à celui de la Russie (1 914,6 de dollars) et 2,4 fois inférieur à celui de la Turquie (1 573,6 de dollars). La croissance du commerce en Géorgie était supérieure à celle de la Russie (1,7%); mais inférieure à celle de l'Azerbaïdjan (8,0%), de la Turquie (7,5%) et de l'Arménie (6,1%).

Comparaison avec les leaders. La valeur ajoutée du commerce en Géorgie était 1 005,0 fois inférieure à celle des États-Unis (2,6 billions de dollars), 458,9 fois inférieure à celle de la Chine (1,2 billions de dollars), 334,1 fois inférieure à celle du Japon (869,5 milliards de dollars), 143,2 fois inférieure à celle de l'Allemagne (372,6 milliards de dollars) et 126,8 fois inférieure à celle du Royaume-Uni (330,0 milliards de dollars). Le commerce par habitant en Géorgie était 12,7 fois inférieur à celui des États-Unis (8 186,4 de dollars), 10,5 fois inférieur à celui du Japon (6 797,1 de dollars), 7,8 fois inférieur à celui du Royaume-Uni (5 030,4 de dollars), 7,1 fois inférieur à celui de l'Allemagne (4 551,8 de dollars) et 24,3% inférieur à celui de la Chine (851,7 de dollars). La croissance du commerce en Géorgie était supérieure à celle du Royaume-Uni (2,8%), des États-Unis (2,3%), de l'Allemagne (2,0%) et du Japon (0,77%); mais inférieure à celle de la Chine (8,9%).

Chapitre IX. Services

(ISIC J-P)

La valeur ajoutée des services en Géorgie est passé de 794,2 millions de dollars par an dans les années 1990 à 5,9 milliards de dollars par an dans les années 2010, c'est-à-dire 5,1 milliards de dollars ou de 7,4 fois. La variation a été de 4,3 milliards de dollars en raison de l'augmentation de 3,7 fois des prix, et de 959,9 millions de dollars en raison de la croissance de productivité de 2,5 fois, et de -152,3 millions de dollars en raison du déclin de la population. La croissance annuelle moyenne des services était de -0,60%. La valeur minimale était de 103,8 millions de dollars en 1995. La valeur maximale était de 6,7 milliards de dollars en 2014.

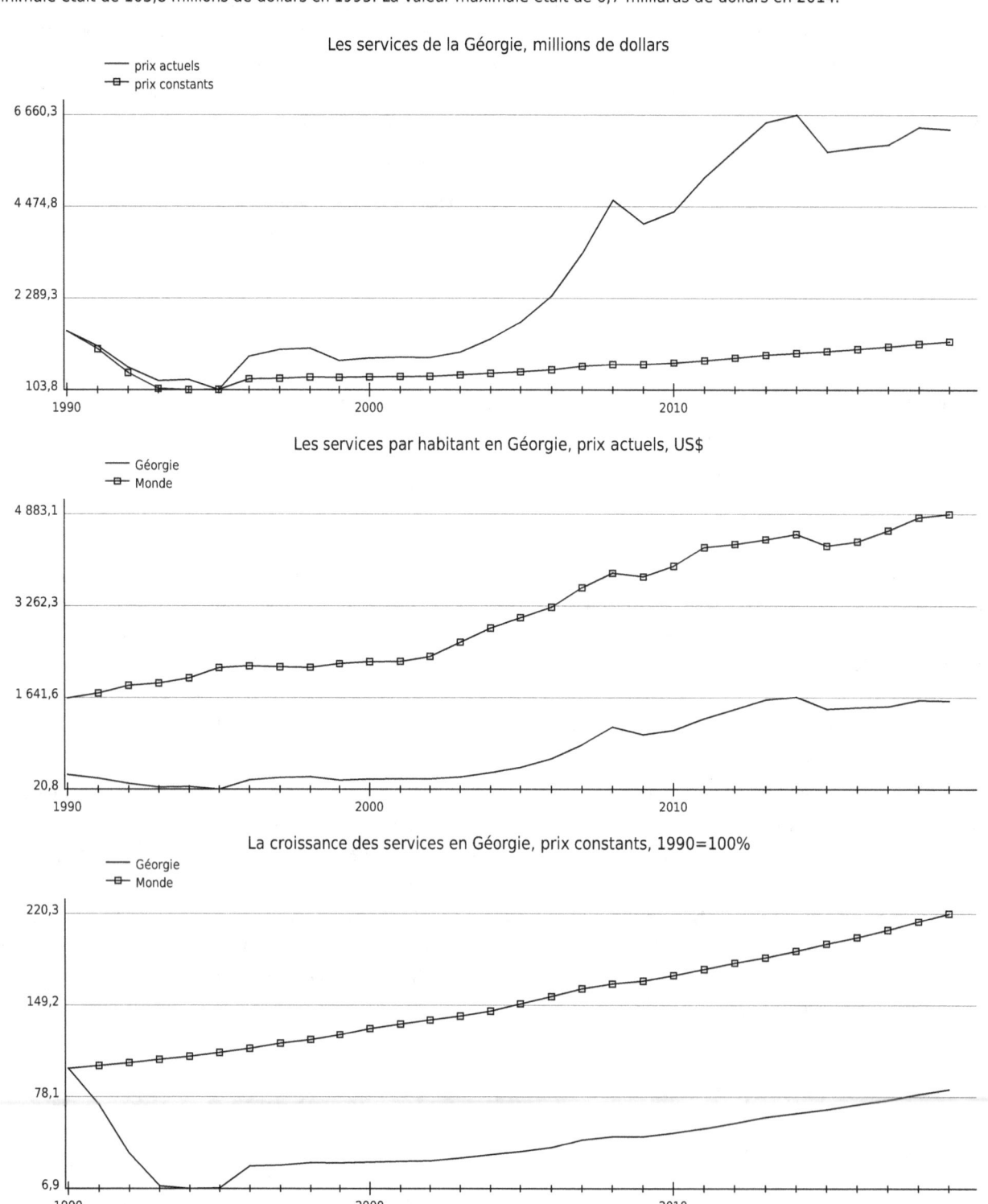

Chapitre IX. Services

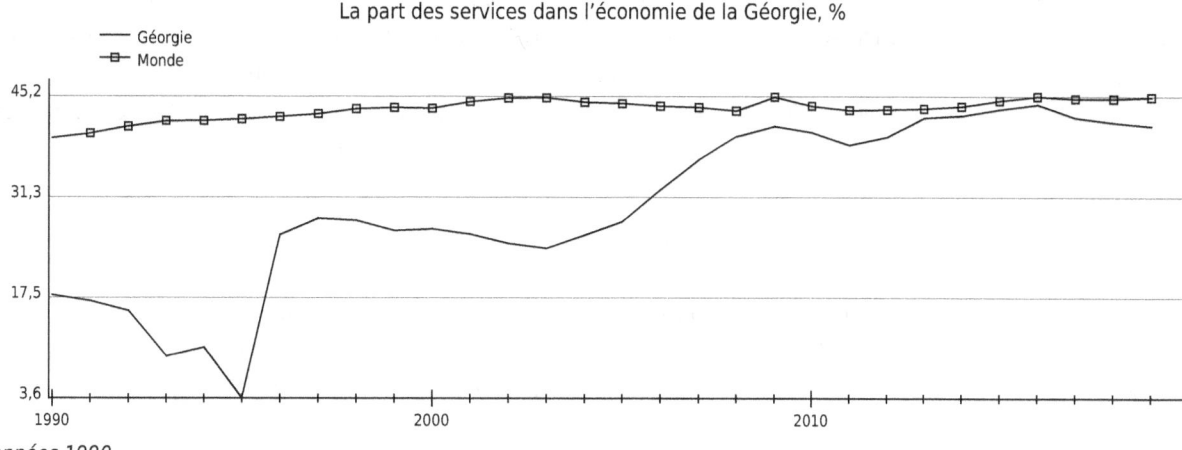

Les années 1990

Les services de la Géorgie étaient de 794,2 millions de dollars par an dans les années 1990, se situant au 134ème rang mondial à égalité avec le Népal (784,2 millions de dollars), les Fidji (780,5 millions de dollars). La part dans le monde était de 0,0069% et de 0,031% en Asie.

La part des services dans l'économie de la Géorgie était de 18,5% dans les années 1990, se classant au 179ème rang mondial, à égalité avec le Népal (18,5%), le Mozambique (18,4%).

Les services par habitant en Géorgie étaient de 159 dollars dans les années 1990, au 151ème rang mondial, à égalité avec la Syrie (155,9 de dollars), l'Angola (162,5 de dollars), le Kenya (155,4 de dollars). Les services par habitant en Géorgie étaient 12,7 fois inférieures les services par habitant au Monde (2 014,6 US$), et 4,6 fois inférieures les services par habitant en Asie (732,9 US$).

La croissance des services en Géorgie était de -13.7% dans les années 1990, se situant au 207ème rang mondial. La croissance des services en Géorgie (-13,7%) a été inférieure à celle du monde (2,7%), et inférieure à celle de l'Asie (4,5%).

Comparaison avec les voisins. La valeur des services en Géorgie était supérieure à celle de l'Arménie (260,0 millions de dollars); mais inférieure à celle de la Russie (71,4 milliards de dollars), de la Turquie (49,0 milliards de dollars) et de l'Azerbaïdjan (994,3 millions de dollars). Les services par habitant en Géorgie étaient supérieures à celles de l'Azerbaïdjan (129,2 de dollars) et de l'Arménie (79,1 de dollars); mais inférieures à celles de la Turquie (844,0 de dollars) et de la Russie (482,5 de dollars). La croissance des services en Géorgie était inférieure à celle de l'Arménie (3,0%), de la Turquie (2,6%), de la Russie (-1,2%) et de l'Azerbaïdjan (-4,7%).

Comparaison avec les leaders. Le secteur des services en Géorgie était inférieur à celui des États-Unis (3,8 billions de dollars), du Japon (1,6 billions de dollars), de l'Allemagne (908,0 milliards de dollars), de la France (628,2 milliards de dollars) et du Royaume-Uni (592,3 milliards de dollars). Les services par habitant en Géorgie étaient inférieures à celles des États-Unis (14 354,4 de dollars), du Japon (12 820,4 de dollars), de l'Allemagne (11 259,5 de dollars), de la France (10 578,2 de dollars) et du Royaume-Uni (10 233,8 de dollars). La croissance des services en Géorgie était inférieure à celle de l'Allemagne (3,2%), du Royaume-Uni (3,0%), des États-Unis (2,3%), du Japon (1,7%) et de la France (1,6%).

Les années 2000

La valeur des services en Géorgie était de 2,1 milliards de dollars par an dans les années 2000, au 125ème rang mondial à égalité avec le Gabon (2,1 milliards de dollars), le Nicaragua (2,1 milliards de dollars), la Palestine (2,1 milliards de dollars). La part dans le monde était de 0,011% et de 0,050% en Asie.

La part des services dans l'économie de la Géorgie était de 33,2% dans les années 2000, au 113ème rang mondial, à égalité avec la Tunisie (33,1%).

Les services par habitant en Géorgie étaient de 499.1 dollars dans les années 2000, se classant au 138ème rang mondial, à égalité avec les Kiribati (501,9 de dollars), l'Ukraine (507,4 de dollars). Les services par habitant en Géorgie étaient 6,0 fois inférieures les services par habitant au Monde (3 011,2 US$), et 2,1 fois inférieures les services par habitant en Asie (1 071,6 US$).

La croissance des services en Géorgie était de 5.9% dans les années 2000, se situant au 48ème rang mondial. La croissance des services en Géorgie (5,9%) a été supérieure à celle du monde (2,9%), et supérieure à celle de l'Asie (5,5%).

Comparaison avec les voisins. La valeur des services en Géorgie était supérieure à celle de l'Arménie (1,0 milliards de dollars); mais inférieure à celle de la Russie (195,9 milliards de dollars), de la Turquie (128,6 milliards de dollars) et de l'Azerbaïdjan (2,4 milliards de dollars). Les services par habitant en Géorgie étaient supérieures à celles de l'Arménie (348,7 de dollars) et de l'Azerbaïdjan (276,8 de dollars); mais inférieures à celles de la Turquie (1 908,5 de dollars) et de la Russie (1 357,8 de dollars). La croissance des services en Géorgie était supérieure à celle de l'Azerbaïdjan (4,8%), de la Russie (4,3%) et de la Turquie (3,6%); mais inférieure à celle de l'Arménie (8,3%).

Comparaison avec les leaders. La valeur des services en Géorgie était inférieure à celle des États-Unis (6,7 billions de dollars), du Japon (2,0 billions de dollars), de l'Allemagne (1,2 billions de dollars), du Royaume-Uni (1,1 billions de dollars) et de la France (997,0 milliards de dollars). Les services par habitant en Géorgie étaient inférieures à celles des États-Unis (22 883,5 de dollars), du Royaume-Uni (18 012,4 de dollars), de la France (15 875,1 de dollars), du Japon (15 302,2 de dollars) et de l'Allemagne (14 979,9 de dollars). La croissance des services en Géorgie était supérieure à celle du Royaume-Uni (2,7%), des États-Unis (2,0%), de la France (1,5%), du Japon (1,2%) et de l'Allemagne (0,57%).

Les années 2010

Les services de la Géorgie étaient de 5,9 milliards de dollars par an dans les années 2010, se situant au 110ème rang mondial à égalité avec le Sénégal (5,9 milliards de dollars), le Népal (5,8 milliards de dollars), Trinité-et-Tobago (5,9 milliards de dollars). La part dans le monde était de 0,018% et de 0,062% en Asie.

La part des services dans l'économie de la Géorgie était de 41,6% dans les années 2010, se situant au 71ème rang mondial, à égalité avec Bahreïn (41,6%), le Chili (41,5%), le Groenland (41,7%).

Les services par habitant en Géorgie étaient de 1455.3 dollars dans les années 2010, se classant au 123ème rang mondial, à égalité avec la Micronésie (1 456,0 de dollars), les Tonga (1 445,6 de dollars), l'Irak (1 472,1 de dollars). Les services par habitant en Géorgie étaient 3,1 fois inférieures les services par habitant au Monde (4 467,8 US$), et 31,9% inférieures les services par habitant en Asie (2 137,6 US$).

La croissance des services en Géorgie était de 5.9% dans les années 2010, se situant au 32ème rang mondial, à égalité avec le Viêt Nam (5,9%). La croissance des services en Géorgie (5,9%) a été supérieure à celle du monde (2,7%), et supérieure à celle de l'Asie (5,4%).

Comparaison avec les voisins. La valeur ajoutée des services en Géorgie était 77,7% supérieure à celle de l'Arménie (3,3 milliards de dollars); mais 98,2 fois inférieure à celle de la Russie (577,3 milliards de dollars), 42,1 fois inférieure à celle de la Turquie (247,6 milliards de dollars) et 35,9% inférieure à celle de l'Azerbaïdjan (9,2 milliards de dollars). Les services par habitant en Géorgie étaient 28,3% supérieures à celles de l'Arménie (1 133,9 de dollars) et 51,6% supérieures à celles de l'Azerbaïdjan (959,7 de dollars); mais 2,7 fois inférieures à celles de la Russie (3 987,9 de dollars) et 2,2 fois inférieures à celles de la Turquie (3 178,7 de dollars). La croissance des services en Géorgie était supérieure à celle de l'Arménie (5,8%), de la Turquie (5,1%), de l'Azerbaïdjan (3,5%) et de la Russie (1,5%).

Comparaison avec les leaders. La valeur des services en Géorgie était 1 694,2 fois inférieure à celle des États-Unis (10,0 billions de dollars), 603,6 fois inférieure à celle de la Chine (3,5 billions de dollars), 386,9 fois inférieure à celle du Japon (2,3 billions de dollars), 273,6 fois inférieure à celle de l'Allemagne (1,6 billions de dollars) et 230,7 fois inférieure à celle du Royaume-Uni (1,4 billions de dollars). Les services par habitant en Géorgie étaient 21,4 fois inférieures à celles des États-Unis (31 159,6 de dollars), 14,2 fois inférieures à celles du Royaume-Uni (20 663,8 de dollars), 13,5 fois inférieures à celles de l'Allemagne (19 637,7 de dollars), 12,2 fois inférieures à celles du Japon (17 771,8 de dollars) et 42,5% inférieures à celles de la Chine (2 529,2 de dollars). La croissance des services en Géorgie était supérieure à celle des États-Unis (1,8%), du Royaume-Uni (1,7%), de l'Allemagne (1,2%) et du Japon (0,99%); mais inférieure à celle de la Chine (8,4%).

Partie III. Relations extérieures

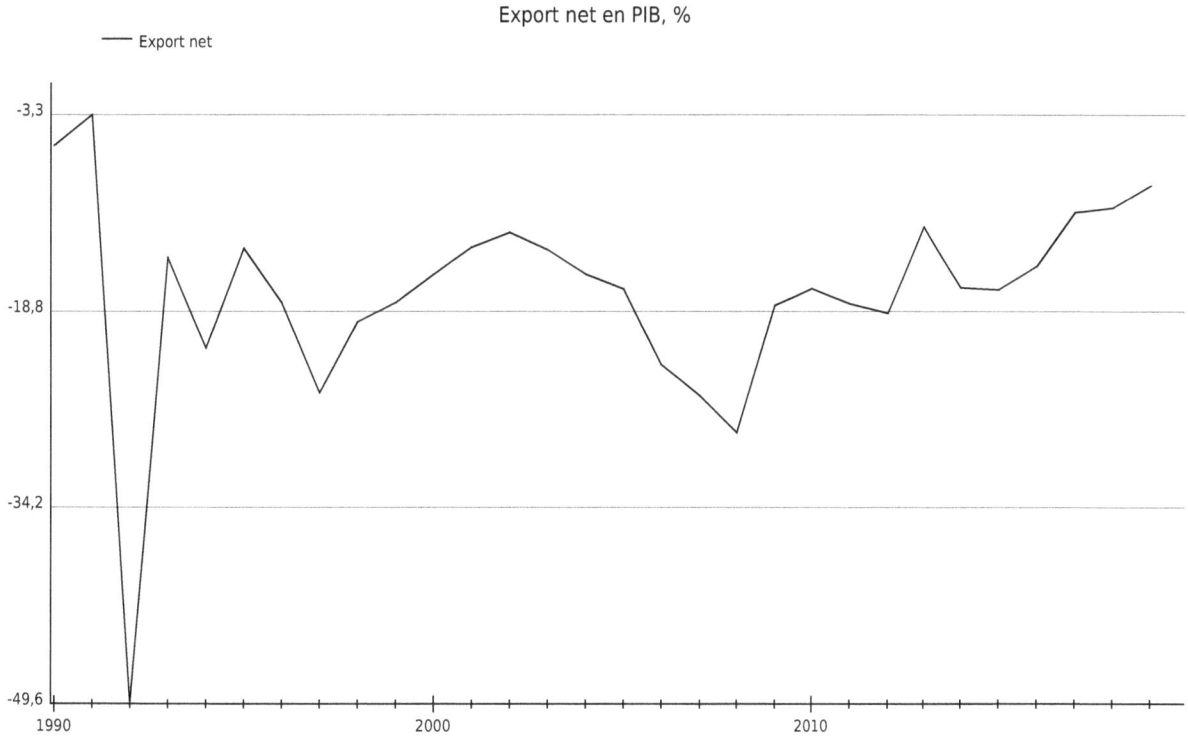

Chapitre X. Exportations

La valeur des exportations en Géorgie est passé de 1,1 milliards de dollars par an dans les années 1990 à 6,8 milliards de dollars par an dans les années 2010, c'est-à-dire 5,7 milliards de dollars ou de 6,0 fois. La variation a été de 3,3 milliards de dollars en raison de l'augmentation de 1,9 fois des prix, et de 2,6 milliards de dollars en raison de la croissance du taux par habitant de 3,9 fois, et de -215,4 millions de dollars en raison du déclin de la population. La croissance annuelle moyenne des exportations était de 1,0%. La valeur minimale était de 374,5 millions de dollars en 1995. La valeur maximale était de 9,6 milliards de dollars en 2019.

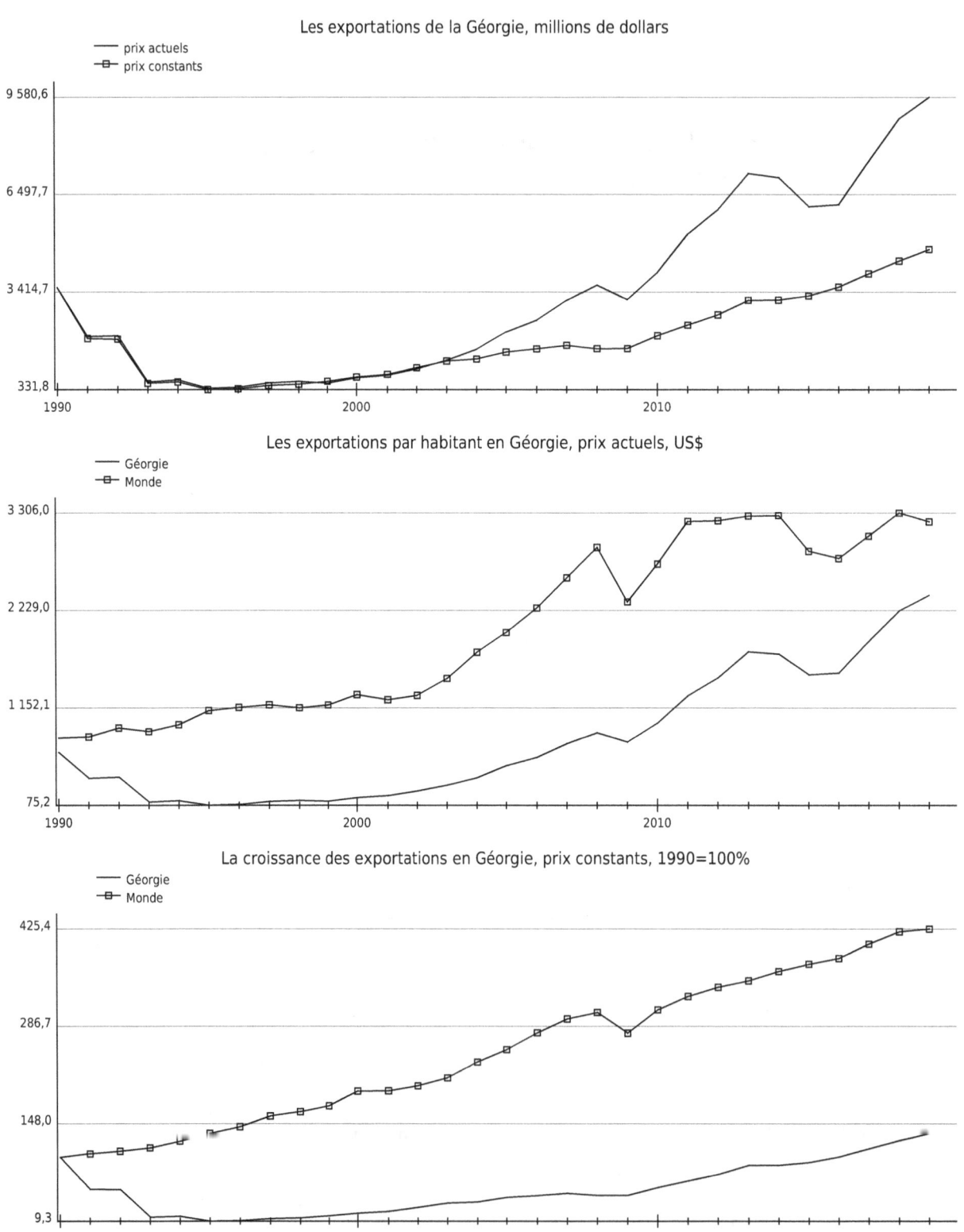

Chapitre X. Exportations

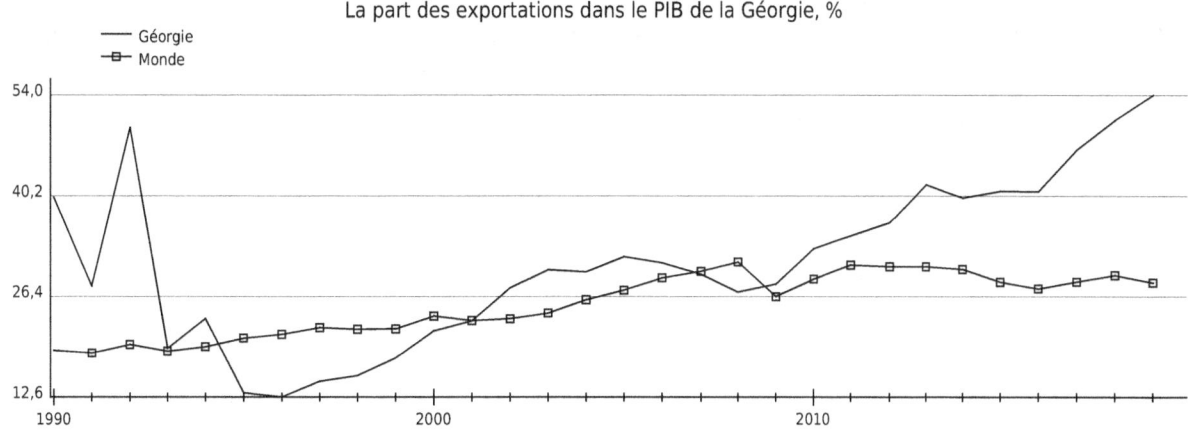

Les années 1990

Les exportations de la Géorgie étaient de 1,1 milliards de dollars par an dans les années 1990, se classant au 122ème rang mondial à égalité avec le Tadjikistan (1,1 milliards de dollars). La part dans le monde était de 0,019% et de 0,071% en Asie.

La part des exportations dans le PIB de la Géorgie était de 26,5% dans les années 1990, se situant au 117ème rang mondial, à égalité avec le Portugal (26,3%), le Zimbabwe (26,7%).

Les exportations par habitant en Géorgie étaient de 224.9 dollars dans les années 1990, se situant au 149ème rang mondial, à égalité avec la Mongolie (228,7 de dollars), le Kosovo (230,2 de dollars). Les exportations par habitant en Géorgie étaient 4,6 fois inférieures les exportations par habitant au Monde (1 029,5 US$), et 2,0 fois inférieures les exportations par habitant en Asie (456,7 US$).

La croissance des exportations en Géorgie était de -18.1% dans les années 1990, se classant au 208ème rang mondial. La croissance des exportations en Géorgie (-18,1%) a été inférieure à celle du monde (6,9%), et inférieure à celle de l'Asie (8,1%).

Comparaison avec les voisins. La valeur des exportations en Géorgie était supérieure à celle de l'Arménie (522,1 millions de dollars); mais inférieure à celle de la Russie (130,4 milliards de dollars), de la Turquie (38,1 milliards de dollars) et de l'Azerbaïdjan (2,0 milliards de dollars). Les exportations par habitant en Géorgie étaient supérieures à celles de l'Arménie (158,9 de dollars); mais inférieures à celles de la Russie (881,8 de dollars), de la Turquie (656,3 de dollars) et de l'Azerbaïdjan (263,8 de dollars). La croissance des exportations en Géorgie était inférieure à celle de la Russie (12,1%), de la Turquie (8,7%), de l'Azerbaïdjan (-7,3%) et de l'Arménie (-8,4%).

Comparaison avec les leaders. Les exportations de la Géorgie étaient inférieures à celles des États-Unis (773,6 milliards de dollars), de l'Allemagne (509,0 milliards de dollars), du Japon (418,7 milliards de dollars), de la France (329,8 milliards de dollars) et du Royaume-Uni (324,3 milliards de dollars). Les exportations par habitant en Géorgie étaient inférieures à celles de l'Allemagne (6 311,2 de dollars), du Royaume-Uni (5 602,2 de dollars), de la France (5 553,9 de dollars), du Japon (3 320,8 de dollars) et des États-Unis (2 925,3 de dollars). La croissance des exportations en Géorgie était inférieure à celle des États-Unis (7,2%), de la France (6,5%), de l'Allemagne (6,0%), du Royaume-Uni (5,7%) et du Japon (4,2%).

Les années 2000

La valeur des exportations en Géorgie était de 2,0 milliards de dollars par an dans les années 2000, se classant au 131ème rang mondial à égalité avec l'Afghanistan (2,0 milliards de dollars), le Mozambique (2,0 milliards de dollars). La part dans le monde était de 0,016% et de 0,050% en Asie.

La structure des exportations: produits primaires (12,2%), articles manufacturés provenant de ressources naturelles (42,8%), articles manufacturés à faible technologie (3,1%), articles manufacturés de technologie moyenne (26,7%), articles manufacturés à haute technologie (7,6%).

La Géorgie a exporté des marchandises vers la Turquie (16,8%), l'Azerbaïdjan (10,1%), la Russie (9,1%), l'Arménie (7,4%), l'Ukraine (6,3%) et d'autres pays (50,2%).

La part des exportations dans le PIB de la Géorgie était de 28,4% dans les années 2000, se classant au 136ème rang mondial, à égalité avec la Bosnie-Herzégovine (28,4%).

Les exportations par habitant en Géorgie étaient de 472.7 dollars dans les années 2000, se situant au 142ème rang mondial, à égalité avec l'Afrique centrale (473,2 de dollars). Les exportations par habitant en Géorgie étaient 4,1 fois inférieures les exportations par habitant au Monde (1 933,7 US$), et 2,1 fois inférieures les exportations par habitant en Asie (1 011,8 US$).

La croissance des exportations en Géorgie était de 10.6% dans les années 2000, au 26ème rang mondial, à égalité avec le Monténégro (10,6%), Macao (10,7%). La croissance des exportations en Géorgie (10,6%) a été supérieure à celle du monde (4,8%), et supérieure à celle de l'Asie (7,5%).

Comparaison avec les voisins. La valeur des exportations en Géorgie était supérieure à celle de l'Arménie (1,4 milliards de dollars); mais inférieure à celle de la Russie (256,1 milliards de dollars), de la Turquie (105,7 milliards de dollars) et de l'Azerbaïdjan (11,4 milliards de dollars). Les exportations par habitant en Géorgie étaient supérieures à celles de l'Arménie (457,5 de dollars); mais inférieures à celles de la Russie (1 774,6 de dollars), de la Turquie (1 568,5 de dollars) et de l'Azerbaïdjan (1 343,4 de dollars). La croissance des exportations en Géorgie était supérieure à celle de l'Arménie (7,7%), de la Turquie (7,2%) et de la Russie (6,3%); mais inférieure à celle de l'Azerbaïdjan (24,1%).

Comparaison avec les leaders. Les exportations de la Géorgie étaient inférieures à celles des États-Unis (1,3 billions de dollars), de l'Allemagne (1,0 billions de dollars), de la Chine (780,2 milliards de dollars), du Japon (626,3 milliards de dollars) et du Royaume-Uni (591,1 milliards de dollars). Les exportations par habitant en Géorgie étaient inférieures à celles de l'Allemagne (12 836,9 de dollars), du Royaume-Uni (9 780,7 de dollars), du Japon (4 886,4 de dollars), des États-Unis (4 488,4 de dollars) et de la Chine (588,1 de dollars). La croissance des exportations en Géorgie était supérieure à celle de l'Allemagne (5,0%), du Japon (3,5%), des États-Unis (3,3%) et du Royaume-Uni (2,8%); mais inférieure à celle de la Chine (12,7%).

Les années 2010

La valeur des exportations en Géorgie était de 6,8 milliards de dollars par an dans les années 2010, se classant au 114ème rang mondial à égalité avec le Salvador (6,7 milliards de dollars). La part dans le monde était de 0,030% et de 0,078% en Asie.

La structure des exportations: produits primaires (13,0%), articles manufacturés provenant de ressources naturelles (32,5%), articles manufacturés à faible technologie (6,5%), articles manufacturés de technologie moyenne (37,6%), articles manufacturés à haute technologie (5,4%).

La Géorgie a exporté des marchandises vers l'Azerbaïdjan (16,8%), l'Arménie (9,1%), la Turquie (7,9%), la Russie (7,7%), la Bulgarie (6,2%) et d'autres pays (52,3%).

La part des exportations dans le PIB de la Géorgie était de 42,3% dans les années 2010, au 87ème rang mondial, à égalité avec le Cap-Vert (42,6%), d'Antigua-et-Barbuda (42,7%).

Les exportations par habitant en Géorgie étaient de 1680 dollars dans les années 2010, se situant au 119ème rang mondial, à égalité avec les Îles Marshall (1 666,8 de dollars), l'Eswatini (1 693,3 de dollars), la Jamaïque (1 654,0 de dollars). Les exportations par habitant en Géorgie étaient 45,8% inférieures les exportations par habitant au Monde (3 098,9 US$), et 14,5% inférieures les exportations par habitant en Asie (1 964,3 US$).

La croissance des exportations en Géorgie était de 11.4% dans les années 2010, se classant au 15ème rang mondial, à égalité avec la Macédoine du Nord (11,3%). La croissance des exportations en Géorgie (11,4%) a été supérieure à celle du monde (4,4%), et supérieure à celle de l'Asie (5,3%).

Comparaison avec les voisins. La valeur des exportations en Géorgie était 91,1% supérieure à celle de l'Arménie (3,5 milliards de dollars); mais 72,1 fois inférieure à celle de la Russie (488,7 milliards de dollars), 31,9 fois inférieure à celle de la Turquie (216,5 milliards de dollars) et 4,1 fois inférieure à celle de l'Azerbaïdjan (27,8 milliards de dollars). Les exportations par habitant en Géorgie étaient 38,1% supérieures à celles de l'Arménie (1 217,0 de dollars); mais 2,0 fois inférieures à celles de la Russie (3 376,3 de dollars), 42,2% inférieures à celles de l'Azerbaïdjan (2 909,1 de dollars) et 39,6% inférieures à celles de la Turquie (2 780,2 de dollars). La croissance des exportations en Géorgie était supérieure à celle de la Turquie (6,8%), de la Russie (2,9%) et de l'Azerbaïdjan (0,64%); mais inférieure à celle de l'Arménie (12,1%).

Comparaison avec les leaders. La valeur des exportations en Géorgie était 338,1 fois inférieure à celle de la Chine (2,3 billions de dollars), 334,6 fois inférieure à celle des États-Unis (2,3 billions de dollars), 248,1 fois inférieure à celle de l'Allemagne (1,7 billions de dollars), 126,7 fois inférieure à celle du Japon (859,4 milliards de dollars) et 120,2 fois inférieure à celle du Royaume-Uni (815,1 milliards de dollars). Les exportations par habitant en Géorgie étaient 2,7% supérieures à celles de la Chine (1 635,3 de dollars); mais 12,2 fois inférieures à celles de l'Allemagne (20 563,4 de dollars), 7,4 fois inférieures à celles du Royaume-Uni (12 425,4 de dollars), 4,2 fois inférieures à celles des États-Unis (7 104,2 de dollars) et 4,0 fois inférieures à celles du Japon (6 718,2 de dollars). La croissance des exportations en Géorgie était supérieure à celle de la Chine (6,8%), de l'Allemagne (4,7%), du Japon (4,6%), des États-Unis (3,7%) et du Royaume-Uni (3,1%).

Chapitre XI. Importations

Les importations de la Géorgie sont passés de 1,8 milliards de dollars par an dans les années 1990 à 9,1 milliards de dollars par an dans les années 2010, c'est-à-dire 7,3 milliards de dollars ou de 5,0 fois. La variation a été de 4,1 milliards de dollars en raison de l'augmentation de 1,8 fois des prix, et de 3,5 milliards de dollars en raison de la croissance du taux par habitant de 3,4 fois, et de -349,4 millions de dollars en raison du déclin de la population. La croissance annuelle moyenne des importations était de 1,6%. La valeur minimale était de 767,6 millions de dollars en 1995. La valeur maximale était de 11,2 milliards de dollars en 2019.

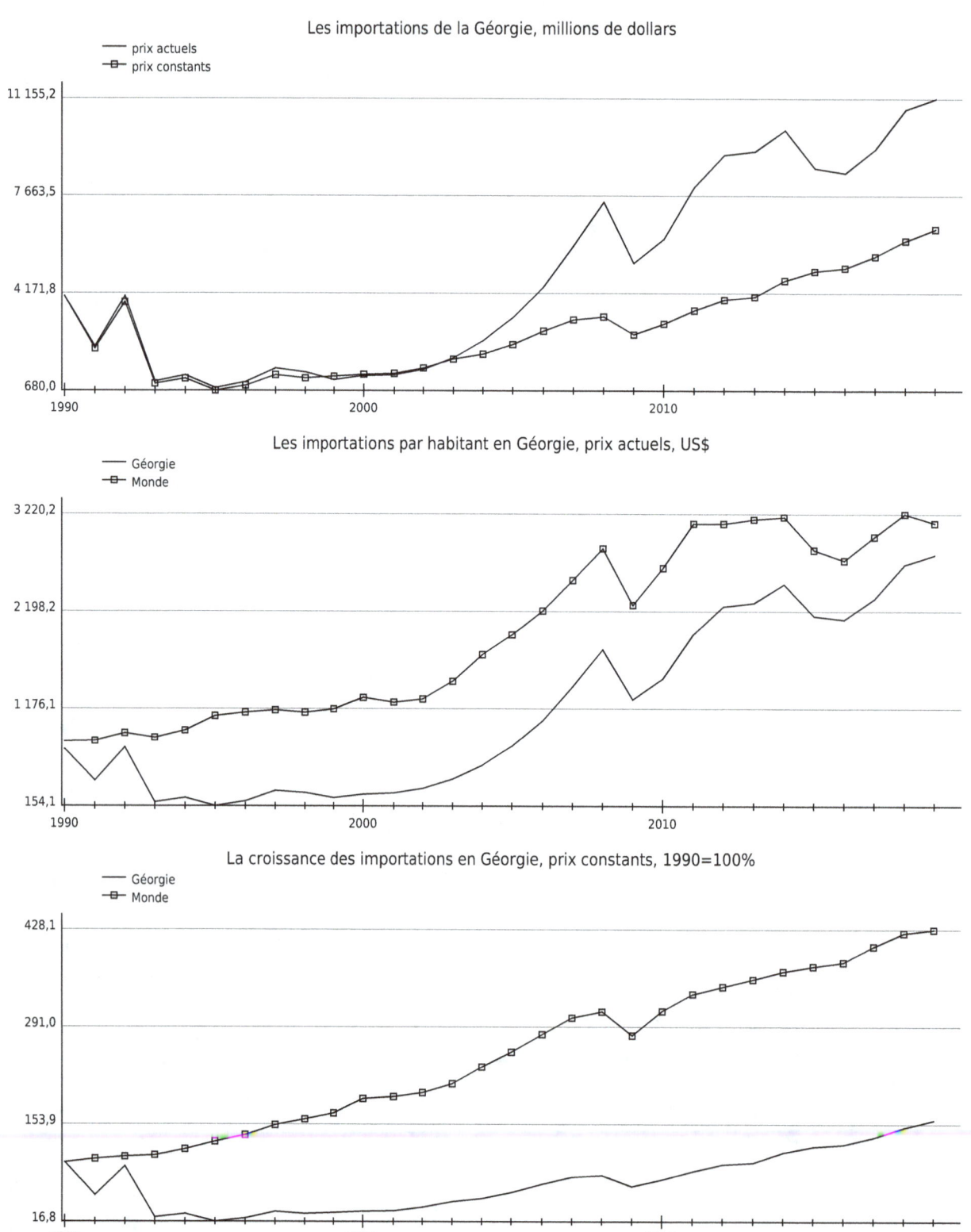

Chapitre XI. Importations

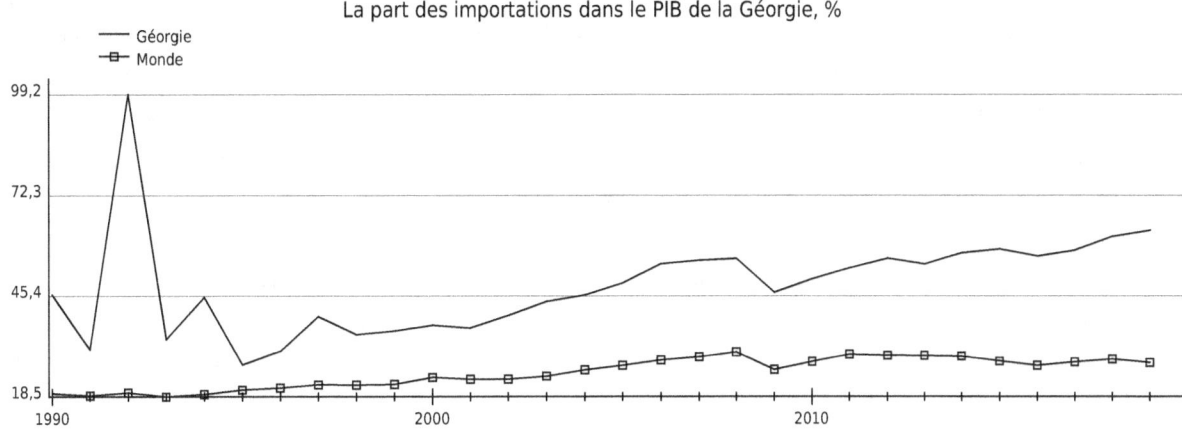

Les années 1990

La valeur des importations en Géorgie était de 1,8 milliards de dollars par an dans les années 1990, au 118ème rang mondial à égalité avec la Namibie (1,8 milliards de dollars). La part dans le monde était de 0,031% et de 0,12% en Asie.

La part des importations dans le PIB de la Géorgie était de 43,0% dans les années 1990, se classant au 90ème rang mondial, à égalité avec la Zambie (43,3%), la Moldavie (43,4%).

Les importations par habitant en Géorgie étaient de 364.7 dollars dans les années 1990, se situant au 145ème rang mondial, à égalité avec la Syrie (366,6 de dollars). Les importations par habitant en Géorgie étaient 2,8 fois inférieures les importations par habitant au Monde (1 015,5 US$), et 15,2% inférieures les importations par habitant en Asie (430,1 US$).

La croissance des importations en Géorgie était de -12.8% dans les années 1990, se classant au 204ème rang mondial. La croissance des importations en Géorgie (-12,8%) a été inférieure à celle du monde (6,6%), et inférieure à celle de l'Asie (6,8%).

Comparaison avec les voisins. Les importations de la Géorgie étaient supérieures à celles de l'Arménie (947,0 millions de dollars); mais inférieures à celles de la Russie (108,7 milliards de dollars), de la Turquie (38,5 milliards de dollars) et de l'Azerbaïdjan (2,4 milliards de dollars). Les importations par habitant en Géorgie étaient supérieures à celles de l'Azerbaïdjan (311,3 de dollars) et de l'Arménie (288,1 de dollars); mais inférieures à celles de la Russie (735,2 de dollars) et de la Turquie (663,7 de dollars). La croissance des importations en Géorgie était inférieure à celle de la Turquie (10,9%), de la Russie (2,9%), de l'Arménie (-3,6%) et de l'Azerbaïdjan (-3,9%).

Comparaison avec les leaders. La valeur des importations en Géorgie était inférieure à celle des États-Unis (874,1 milliards de dollars), de l'Allemagne (501,6 milliards de dollars), du Japon (355,9 milliards de dollars), du Royaume-Uni (330,2 milliards de dollars) et de la France (308,5 milliards de dollars). Les importations par habitant en Géorgie étaient inférieures à celles de l'Allemagne (6 220,3 de dollars), du Royaume-Uni (5 705,3 de dollars), de la France (5 194,4 de dollars), des États-Unis (3 305,6 de dollars) et du Japon (2 822,9 de dollars). La croissance des importations en Géorgie était inférieure à celle des États-Unis (8,3%), de l'Allemagne (6,4%), de la France (5,1%), du Royaume-Uni (5,1%) et du Japon (3,3%).

Les années 2000

Les importations de la Géorgie étaient de 3,4 milliards de dollars par an dans les années 2000, se situant au 122ème rang mondial à égalité avec la Bolivie (3,4 milliards de dollars), la Palestine (3,5 milliards de dollars), la Macédoine du Nord (3,4 milliards de dollars). La part dans le monde était de 0,028% et de 0,097% en Asie.

La structure des importations: produits primaires (12,3%), articles manufacturés provenant de ressources naturelles (28,6%), articles manufacturés à faible technologie (13,5%), articles manufacturés de technologie moyenne (27,5%), articles manufacturés à haute technologie (13,0%).

La Géorgie a importé des marchandises en provenance la Turquie (12,3%), l'Azerbaïdjan (9,9%), la Russie (9,2%), les États-Unis (7,9%), l'Ukraine (7,9%) et d'autres pays (52,8%).

La part des importations dans le PIB de la Géorgie était de 49,1% dans les années 2000, se situant au 89ème rang mondial, à égalité avec l'Albanie (49,2%).

Les importations par habitant en Géorgie étaient de 815.8 dollars dans les années 2000, se situant au 134ème rang mondial, à égalité avec le Guatemala (818,1 de dollars), le Maroc (800,6 de dollars), l'Amérique du Sud (832,1 de dollars). Les importations par habitant en Géorgie étaient 2,3 fois inférieures les importations par habitant au Monde (1 899,9 US$), et 9,2% inférieures les importations par habitant en Asie (898,2 US$).

La croissance des importations en Géorgie était de 8.5% dans les années 2000, au 55ème rang mondial. La croissance des importations en Géorgie (8,5%) a été supérieure à celle du monde (5,1%), et supérieure à celle de l'Asie (7,8%).

Comparaison avec les voisins. Les importations de la Géorgie étaient supérieures à celles de l'Arménie (2,4 milliards de dollars); mais inférieures à celles de la Russie (172,4 milliards de dollars), de la Turquie (114,5 milliards de dollars) et de l'Azerbaïdjan (6,5 milliards de dollars). Les importations par habitant en Géorgie étaient supérieures à celles de l'Arménie (798,0 de dollars) et de l'Azerbaïdjan (759,8 de dollars); mais inférieures à celles de la Turquie (1 699,7 de dollars) et de la Russie (1 194,9 de dollars). La croissance des importations en Géorgie était supérieure à celle de l'Arménie (6,8%) et de la Turquie (6,2%); mais inférieure à celle de l'Azerbaïdjan (22,5%) et de la Russie (14,0%).

Comparaison avec les leaders. La valeur des importations en Géorgie était inférieure à celle des États-Unis (1,9 billions de dollars), de l'Allemagne (914,7 milliards de dollars), du Royaume-Uni (641,8 milliards de dollars), de la Chine (641,1 milliards de dollars) et du Japon (566,4 milliards de dollars). Les importations par habitant en Géorgie étaient supérieures à celles de la Chine (483,3 de dollars); mais inférieures à celles de l'Allemagne (11 237,8 de dollars), du Royaume-Uni (10 620,4 de dollars), des États-Unis (6 400,9 de dollars) et du Japon (4 418,9 de dollars). La croissance des importations en Géorgie était supérieure à celle de l'Allemagne (3,7%), du Royaume-Uni (3,1%), des États-Unis (2,8%) et du Japon (1,8%); mais inférieure à celle de la Chine (15,1%).

Les années 2010

La valeur des importations en Géorgie était de 9,1 milliards de dollars par an dans les années 2010, se classant au 113ème rang mondial. La part dans le monde était de 0,041% et de 0,11% en Asie.

La structure des importations: produits primaires (12,3%), articles manufacturés provenant de ressources naturelles (28,0%), articles manufacturés à faible technologie (15,8%), articles manufacturés de technologie moyenne (29,3%), articles manufacturés à haute technologie (12,1%).

La Géorgie a importé des marchandises en provenance la Turquie (14,0%), la Chine (9,3%), la Russie (8,2%), l'Azerbaïdjan (6,5%), l'Ukraine (5,9%) et d'autres pays (56,2%).

La part des importations dans le PIB de la Géorgie était de 56,7% dans les années 2010, se classant au 65ème rang mondial, à égalité avec Saint-Vincent-et-les-Grenadines (56,8%), la Namibie (56,5%).

Les importations par habitant en Géorgie étaient de 2252.1 dollars dans les années 2010, se classant au 116ème rang mondial, à égalité avec les Samoa (2 197,5 de dollars). Les importations par habitant en Géorgie étaient 25,3% inférieures les importations par habitant au Monde (3 015,6 US$), et 24,2% supérieures les importations par habitant en Asie (1 813,7 US$).

La croissance des importations en Géorgie était de 9.2% dans les années 2010, se classant au 22ème rang mondial. La croissance des importations en Géorgie (9,2%) a été supérieure à celle du monde (4,4%), et supérieure à celle de l'Asie (5,4%).

Comparaison avec les voisins. Les importations de la Géorgie étaient 68,7% supérieures à celles de l'Arménie (5,4 milliards de dollars); mais 40,1 fois inférieures à celles de la Russie (364,2 milliards de dollars), 26,6 fois inférieures à celles de la Turquie (242,3 milliards de dollars) et 46,9% inférieures à celles de l'Azerbaïdjan (17,1 milliards de dollars). Les importations par habitant en Géorgie étaient 21,9% supérieures à celles de l'Arménie (1 848,0 de dollars) et 25,7% supérieures à celles de l'Azerbaïdjan (1 791,7 de dollars); mais 27,6% inférieures à celles de la Turquie (3 110,9 de dollars) et 10,5% inférieures à celles de la Russie (2 516,3 de dollars). La croissance des importations en Géorgie était supérieure à celle de l'Azerbaïdjan (8,4%), de la Turquie (4,6%), de l'Arménie (3,8%) et de la Russie (3,5%).

Comparaison avec les leaders. La valeur des importations en Géorgie était 309,8 fois inférieure à celle des États-Unis (2,8 billions de dollars), 227,5 fois inférieure à celle de la Chine (2,1 billions de dollars), 160,0 fois inférieure à celle de l'Allemagne (1,5 billions de dollars), 96,5 fois inférieure à celle du Japon (877,9 milliards de dollars) et 94,0 fois inférieure à celle du Royaume-Uni (854,8 milliards de dollars). Les importations par habitant en Géorgie étaient 52,6% supérieures à celles de la Chine (1 475,4 de dollars); mais 7,9 fois inférieures à celles de l'Allemagne (17 771,2 de dollars), 5,8 fois inférieures à celles du Royaume-Uni (13 030,6 de dollars), 3,9 fois inférieures à celles des États-Unis (8 817,8 de dollars) et 3,0 fois inférieures à celles du Japon (6 862,7 de dollars). La croissance des importations en Géorgie était supérieure à celle de la Chine (8,2%), de l'Allemagne (4,8%), des États-Unis (4,4%), du Japon (3,8%) et du Royaume-Uni (3,6%).

Partie IV. Consommation

Chapitre XII. Dépenses publiques

Dépenses de consommation des administrations publiques

Les dépense de consommation publique de la Géorgie sont passés de 494,0 millions de dollars par an dans les années 1990 à 2,2 milliards de dollars par an dans les années 2010, c'est-à-dire 1,7 milliards de dollars ou de 4,5 fois. La variation a été de 1,1 milliards de dollars en raison de l'augmentation de 1,9 fois des prix, et de 762,1 millions de dollars en raison de la croissance du taux par habitant de 2,9 fois, et de -94,7 millions de dollars en raison du déclin de la population. La croissance annuelle moyenne des dépenses publiques était de -0,11%. La valeur minimale était de 130,4 millions de dollars en 1993. La valeur maximale était de 2,5 milliards de dollars en 2008.

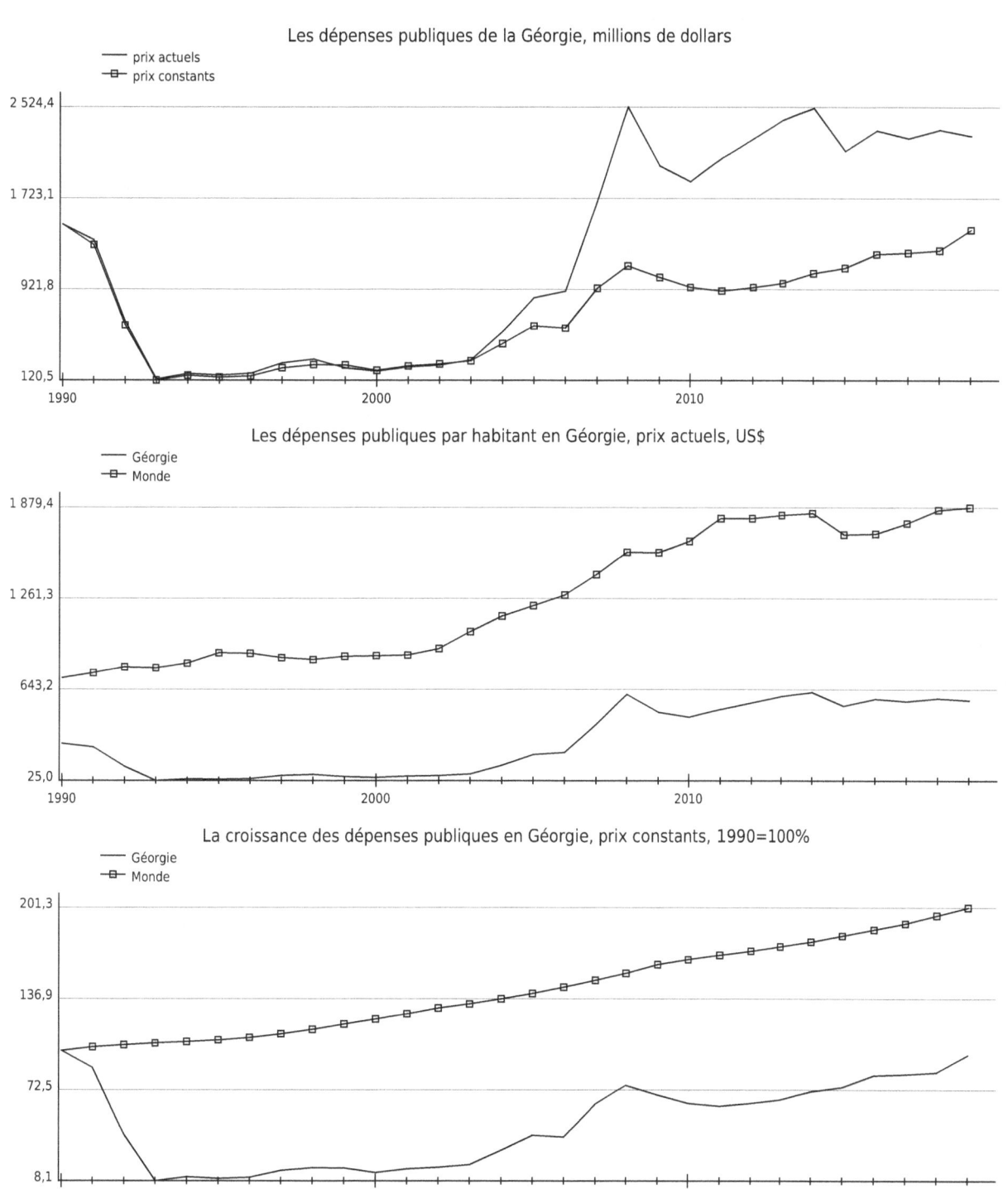

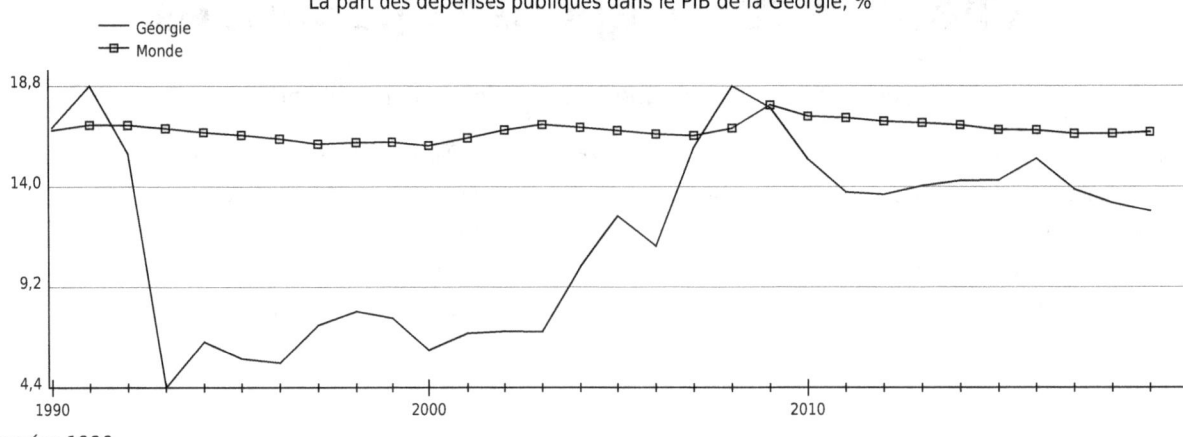

La part des dépenses publiques dans le PIB de la Géorgie, %

Les années 1990

Les dépense publique de la Géorgie étaient de 494,0 millions de dollars par an dans les années 1990, se situant au 133ème rang mondial. La part dans le monde était de 0,011% et de 0,045% en Asie.

La part des dépenses publiques dans le PIB de la Géorgie était de 11,7% dans les années 1990, se situant au 156ème rang mondial, à égalité avec la Colombie (11,6%), Madagascar (11,6%), la république démocratique du Congo (11,7%).

Les dépenses publiques par habitant en Géorgie étaient de 98.9 dollars dans les années 1990, se situant au 155ème rang mondial, à égalité avec le Bhoutan (99,0 de dollars), le Guatemala (97,2 de dollars), l'Irak (96,7 de dollars). Les dépense publique par habitant en Géorgie étaient 8,3 fois inférieures les dépense de consommation publique par habitant au Monde (824,8 US$), et 3,2 fois inférieures les dépense publique par habitant en Asie (318,7 US$).

La croissance des dépenses publiques en Géorgie était de -17.9% dans les années 1990, se classant au 207ème rang mondial. La croissance des dépenses publiques en Géorgie (-17,9%) a été inférieure à celle du monde (2,0%), et inférieure à celle de l'Asie (5,0%).

Comparaison avec les voisins. Les dépense publique de la Géorgie étaient supérieures à celles de l'Arménie (217,8 millions de dollars); mais inférieures à celles de la Russie (74,6 milliards de dollars), de la Turquie (24,2 milliards de dollars) et de l'Azerbaïdjan (811,1 millions de dollars). Les dépense de consommation publique par habitant en Géorgie étaient supérieures à celles de l'Arménie (66,3 de dollars); mais inférieures à celles de la Russie (504,2 de dollars), de la Turquie (417,5 de dollars) et de l'Azerbaïdjan (105,4 de dollars). La croissance des dépenses publiques en Géorgie était inférieure à celle de la Turquie (5,0%), de la Russie (-2,7%), de l'Azerbaïdjan (-12,0%) et de l'Arménie (-13,1%).

Comparaison avec les leaders. Les dépense de consommation publique de la Géorgie étaient inférieures à celles des États-Unis (1,1 billions de dollars), du Japon (651,8 milliards de dollars), de l'Allemagne (419,6 milliards de dollars), de la France (325,4 milliards de dollars) et du Royaume-Uni (234,6 milliards de dollars). Les dépenses publiques par habitant en Géorgie étaient inférieures à celles de la France (5 479,6 de dollars), de l'Allemagne (5 203,8 de dollars), du Japon (5 169,1 de dollars), des États-Unis (4 287,3 de dollars) et du Royaume-Uni (4 053,6 de dollars). La croissance des dépenses publiques en Géorgie était inférieure à celle du Japon (3,0%), de l'Allemagne (2,4%), du Royaume-Uni (2,1%), de la France (1,8%) et des États-Unis (1,3%).

Les années 2000

Les dépense de consommation publique de la Géorgie étaient de 951,7 millions de dollars par an dans les années 2000, se classant au 127ème rang mondial à égalité avec Maurice (942,1 millions de dollars), la république du Congo (938,0 millions de dollars), Monaco (966,7 millions de dollars). La part dans le monde était de 0,012% et de 0,050% en Asie.

La part des dépenses publiques dans le PIB de la Géorgie était de 13,6% dans les années 2000, se classant au 134ème rang mondial, à égalité avec l'Afrique centrale (13,6%), l'Afrique du Nord (13,5%), Maurice (13,7%).

Les dépense publique par habitant en Géorgie étaient de 225.4 dollars dans les années 2000, se situant au 146ème rang mondial. Les dépenses publiques par habitant en Géorgie étaient 5,3 fois inférieures les dépenses publiques par habitant au Monde (1 200,9 US$), et 2,1 fois inférieures les dépense de consommation publique par habitant en Asie (477,4 US$).

La croissance des dépenses publiques en Géorgie était de 15% dans les années 2000, se classant au 5ème rang mondial. La croissance

Chapitre XII. Dépenses publiques

des dépenses publiques en Géorgie (15,0%) a été supérieure à celle du monde (3,1%), et supérieure à celle de l'Asie (5,3%).

Comparaison avec les voisins. Les dépense publique de la Géorgie étaient supérieures à celles de l'Arménie (529,5 millions de dollars); mais inférieures à celles de la Russie (136,2 milliards de dollars), de la Turquie (61,0 milliards de dollars) et de l'Azerbaïdjan (2,0 milliards de dollars). Les dépenses publiques par habitant en Géorgie étaient supérieures à celles de l'Arménie (177,5 de dollars); mais inférieures à celles de la Russie (943,7 de dollars), de la Turquie (905,9 de dollars) et de l'Azerbaïdjan (233,0 de dollars). La croissance des dépenses publiques en Géorgie était supérieure à celle de l'Azerbaïdjan (7,3%), de l'Arménie (6,7%), de la Turquie (5,0%) et de la Russie (1,7%).

Comparaison avec les leaders. Les dépenses publiques de la Géorgie étaient inférieures à celles des États-Unis (1,9 billions de dollars), du Japon (844,2 milliards de dollars), de l'Allemagne (520,1 milliards de dollars), de la France (479,9 milliards de dollars) et du Royaume-Uni (453,4 milliards de dollars). Les dépense publique par habitant en Géorgie étaient inférieures à celles de la France (7 640,9 de dollars), du Royaume-Uni (7 501,5 de dollars), du Japon (6 586,4 de dollars), des États-Unis (6 545,9 de dollars) et de l'Allemagne (6 389,7 de dollars). La croissance des dépenses publiques en Géorgie était supérieure à celle du Royaume-Uni (2,9%), des États-Unis (2,2%), du Japon (1,7%), de la France (1,7%) et de l'Allemagne (1,4%).

Les années 2010

Les dépenses publiques de la Géorgie étaient de 2,2 milliards de dollars par an dans les années 2010, se classant au 125ème rang mondial à égalité avec la Polynésie (2,3 milliards de dollars), la république du Congo (2,2 milliards de dollars), le Gabon (2,2 milliards de dollars). La part dans le monde était de 0,017% et de 0,052% en Asie.

La part des dépenses publiques dans le PIB de la Géorgie était de 14,0% dans les années 2010, se classant au 141ème rang mondial, à égalité avec le Laos (14,0%), le Venezuela (14,0%), le Sénégal (13,9%).

Les dépense de consommation publique par habitant en Géorgie étaient de 555.2 dollars dans les années 2010, se situant au 142ème rang mondial, à égalité avec la Papouasie-Nouvelle-Guinée (559,2 de dollars), les Salomon (565,4 de dollars). Les dépenses publiques par habitant en Géorgie étaient 3,2 fois inférieures les dépense publique par habitant au Monde (1 785,1 US$), et 42,8% inférieures les dépenses publiques par habitant en Asie (970,7 US$).

La croissance des dépenses publiques en Géorgie était de 3.5% dans les années 2010, se situant au 81ème rang mondial, à égalité avec l'Australasie (3,4%), la Tanzanie (3,5%). La croissance des dépenses publiques en Géorgie (3,5%) a été supérieure à celle du monde (2,3%), et inférieure à celle de l'Asie (5,2%).

Comparaison avec les voisins. Les dépense de consommation publique de la Géorgie étaient 65,4% supérieures à celles de l'Arménie (1,4 milliards de dollars); mais 142,8 fois inférieures à celles de la Russie (320,0 milliards de dollars), 54,6 fois inférieures à celles de la Turquie (122,3 milliards de dollars) et 2,8 fois inférieures à celles de l'Azerbaïdjan (6,2 milliards de dollars). Les dépenses publiques par habitant en Géorgie étaient 19,5% supérieures à celles de l'Arménie (464,7 de dollars); mais 4,0 fois inférieures à celles de la Russie (2 210,5 de dollars), 2,8 fois inférieures à celles de la Turquie (1 570,9 de dollars) et 14,2% inférieures à celles de l'Azerbaïdjan (646,9 de dollars). La croissance des dépenses publiques en Géorgie était supérieure à celle de l'Arménie (1,9%) et de la Russie (0,51%); mais inférieure à celle de la Turquie (5,0%) et de l'Azerbaïdjan (3,6%).

Comparaison avec les leaders. Les dépenses publiques de la Géorgie étaient 1 183,7 fois inférieures à celles des États-Unis (2,7 billions de dollars), 749,1 fois inférieures à celles de la Chine (1,7 billions de dollars), 465,3 fois inférieures à celles du Japon (1,0 billions de dollars), 321,9 fois inférieures à celles de l'Allemagne (721,6 milliards de dollars) et 284,6 fois inférieures à celles de la France (637,9 milliards de dollars). Les dépenses publiques par habitant en Géorgie étaient 17,3 fois inférieures à celles de la France (9 617,6 de dollars), 15,9 fois inférieures à celles de l'Allemagne (8 815,0 de dollars), 15,0 fois inférieures à celles des États-Unis (8 304,9 de dollars), 14,7 fois inférieures à celles du Japon (8 152,8 de dollars) et 2,2 fois inférieures à celles de la Chine (1 197,3 de dollars). La croissance des dépenses publiques en Géorgie était supérieure à celle de l'Allemagne (1,9%), du Japon (1,3%), de la France (1,3%) et des États-Unis (0,0052%); mais inférieure à celle de la Chine (8,3%).

Chapitre XIII. Dépenses ménagères

Dépenses de consommation des ménages

Les dépenses ménagères de la Géorgie sont passés de 3,7 milliards de dollars par an dans les années 1990 à 12,0 milliards de dollars par an dans les années 2010, c'est-à-dire 8,4 milliards de dollars ou de 3,3 fois. La variation a été de 5,3 milliards de dollars en raison de l'augmentation de 1,8 fois des prix, et de 3,7 milliards de dollars en raison de la croissance du taux par habitant de 2,3 fois, et de -702,2 millions de dollars en raison du déclin de la population. La croissance annuelle moyenne des dépenses ménagères était de 1,0%. La valeur minimale était de 2,5 milliards de dollars en 1995. La valeur maximale était de 13,6 milliards de dollars en 2014.

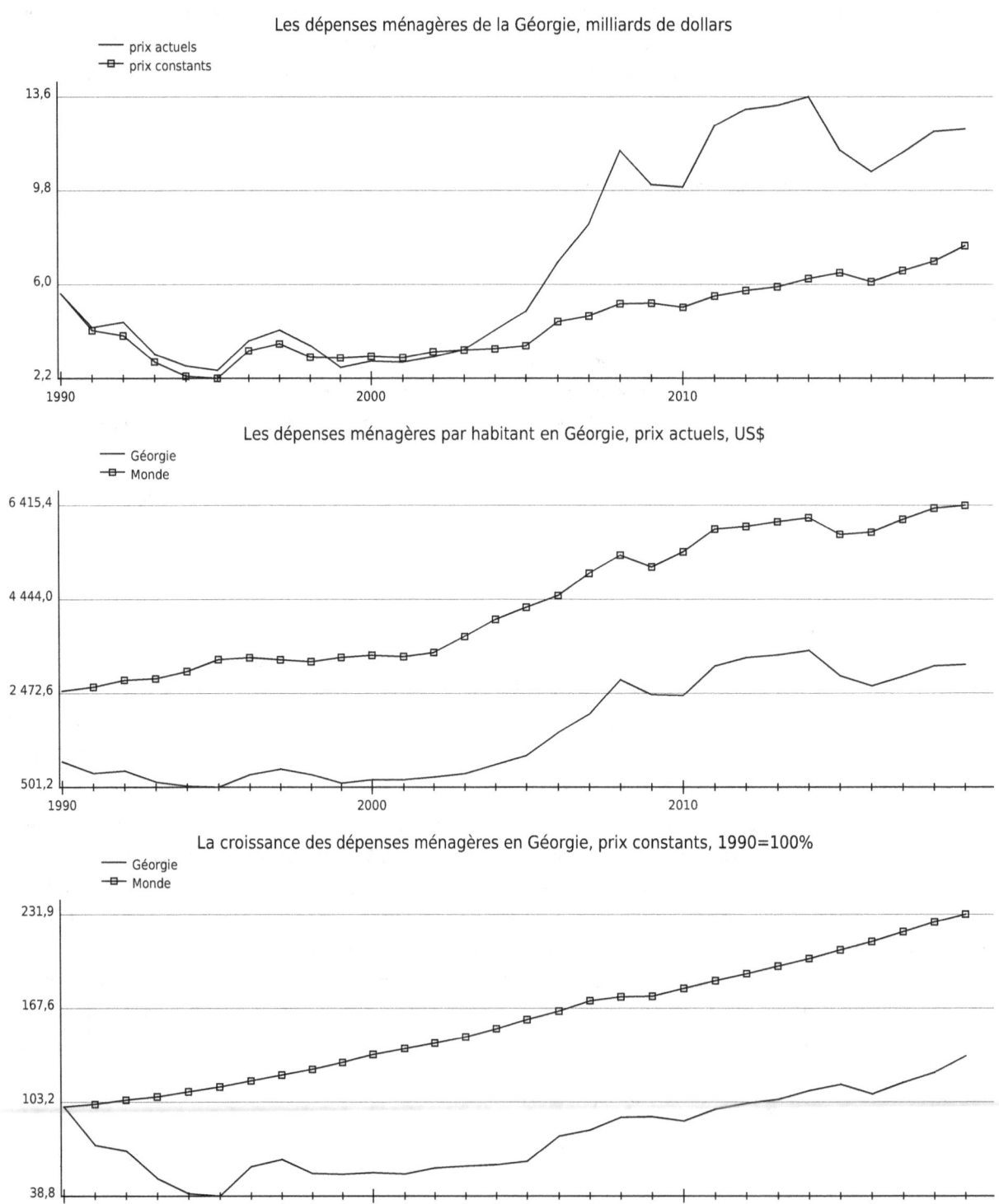

Chapitre XIII. Dépenses ménagères

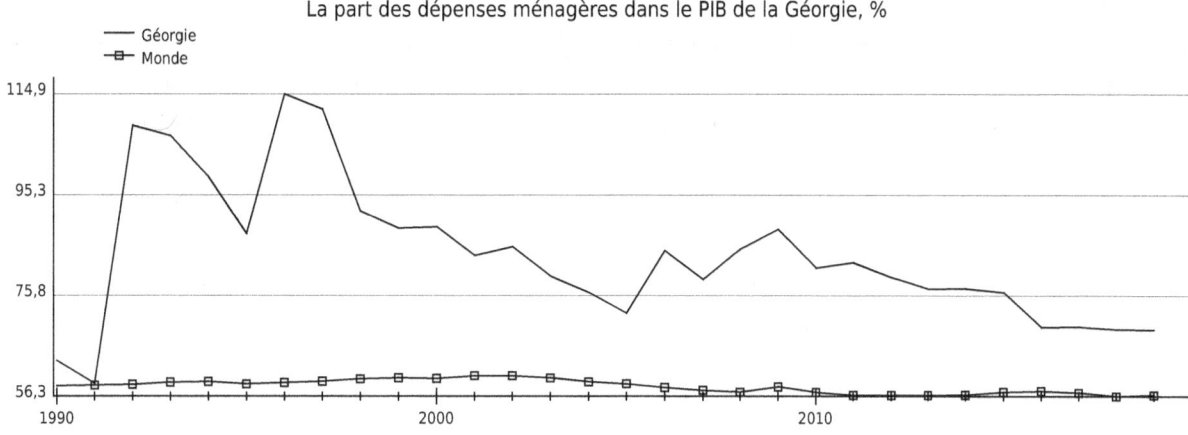

Les années 1990

Les dépenses ménagères de la Géorgie étaient de 3,7 milliards de dollars par an dans les années 1990, se situant au 108ème rang mondial à égalité avec le Népal (3,7 milliards de dollars). La part dans le monde était de 0,022% et de 0,087% en Asie.

La part des dépenses ménagères dans le PIB de la Géorgie était de 86,4% dans les années 1990, se classant au 24ème rang mondial, à égalité avec les Samoa (86,4%), l'Arménie (86,3%), le Burundi (86,9%).

Les dépenses ménagères par habitant en Géorgie étaient de 733 dollars dans les années 1990, au 134ème rang mondial, à égalité avec les Philippines (734,1 de dollars), la Syrie (725,7 de dollars), la Mauritanie (749,6 de dollars). Les dépenses ménagères par habitant en Géorgie étaient 4,0 fois inférieures les dépenses ménagères par habitant au Monde (2 963,9 US$), et 39,3% inférieures les dépenses ménagères par habitant en Asie (1 208,2 US$).

La croissance des dépenses ménagères en Géorgie était de -6.7% dans les années 1990, se situant au 196ème rang mondial. La croissance des dépenses ménagères en Géorgie (-6,7%) a été inférieure à celle du monde (3,0%), et inférieure à celle de l'Asie (4,4%).

Comparaison avec les voisins. Les dépenses ménagères de la Géorgie étaient supérieures à celles de l'Azerbaïdjan (3,1 milliards de dollars) et de l'Arménie (1,5 milliards de dollars); mais inférieures à celles de la Russie (198,5 milliards de dollars) et de la Turquie (151,5 milliards de dollars). Les dépenses ménagères par habitant en Géorgie étaient supérieures à celles de l'Arménie (443,3 de dollars) et de l'Azerbaïdjan (401,9 de dollars); mais inférieures à celles de la Turquie (2 608,7 de dollars) et de la Russie (1 342,0 de dollars). La croissance des dépenses ménagères en Géorgie était inférieure à celle de la Turquie (4,3%), de l'Arménie (2,5%), de la Russie (-1,8%) et de l'Azerbaïdjan (-3,6%).

Comparaison avec les leaders. Les dépenses ménagères de la Géorgie étaient inférieures à celles des États-Unis (4,9 billions de dollars), du Japon (2,3 billions de dollars), de l'Allemagne (1,2 billions de dollars), du Royaume-Uni (884,5 milliards de dollars) et de la France (783,0 milliards de dollars). Les dépenses ménagères par habitant en Géorgie étaient inférieures à celles des États-Unis (18 538,8 de dollars), du Japon (18 170,3 de dollars), du Royaume-Uni (15 280,6 de dollars), de l'Allemagne (15 158,9 de dollars) et de la France (13 185,2 de dollars). La croissance des dépenses ménagères en Géorgie était inférieure à celle des États-Unis (3,4%), du Royaume-Uni (2,8%), de l'Allemagne (2,1%), du Japon (1,8%) et de la France (1,8%).

Les années 2000

Les dépenses ménagères de la Géorgie étaient de 5,8 milliards de dollars par an dans les années 2000, se situant au 116ème rang mondial à égalité avec la Zambie (5,7 milliards de dollars). La part dans le monde était de 0,021% et de 0,089% en Asie.

La part des dépenses ménagères dans le PIB de la Géorgie était de 82,5% dans les années 2000, au 32ème rang mondial, à égalité avec la Dominique (82,6%), le Kirghizistan (82,3%), le Rwanda (82,1%).

Les dépenses ménagères par habitant en Géorgie étaient de 1371.3 dollars dans les années 2000, se situant au 133ème rang mondial. Les dépenses ménagères par habitant en Géorgie étaient 3,1 fois inférieures les dépenses ménagères par habitant au Monde (4 208,2 US$), et 16,9% inférieures les dépenses ménagères par habitant en Asie (1 649,6 US$).

La croissance des dépenses ménagères en Géorgie était de 5.7% dans les années 2000, au 55ème rang mondial, à égalité avec la Tanzanie (5,6%), l'Asie centrale (5,7%). La croissance des dépenses ménagères en Géorgie (5,7%) a été supérieure à celle du monde

(3,0%), et supérieure à celle de l'Asie (4,4%).

Comparaison avec les voisins. Les dépenses ménagères de la Géorgie étaient supérieures à celles de l'Arménie (4,4 milliards de dollars); mais inférieures à celles de la Russie (394,1 milliards de dollars), de la Turquie (289,4 milliards de dollars) et de l'Azerbaïdjan (8,0 milliards de dollars). Les dépenses ménagères par habitant en Géorgie étaient supérieures à celles de l'Azerbaïdjan (937,3 de dollars); mais inférieures à celles de la Turquie (4 296,3 de dollars), de la Russie (2 730,8 de dollars) et de l'Arménie (1 460,0 de dollars). La croissance des dépenses ménagères en Géorgie était supérieure à celle de la Turquie (3,0%); mais inférieure à celle de l'Azerbaïdjan (11,8%), de la Russie (8,6%) et de l'Arménie (7,1%).

Comparaison avec les leaders. Les dépenses ménagères de la Géorgie étaient inférieures à celles des États-Unis (8,5 billions de dollars), du Japon (2,6 billions de dollars), de l'Allemagne (1,5 billions de dollars), du Royaume-Uni (1,5 billions de dollars) et de la France (1,1 billions de dollars). Les dépenses ménagères par habitant en Géorgie étaient inférieures à celles des États-Unis (28 799,1 de dollars), du Royaume-Uni (24 959,3 de dollars), du Japon (20 355,9 de dollars), de l'Allemagne (18 912,2 de dollars) et de la France (18 146,8 de dollars). La croissance des dépenses ménagères en Géorgie était supérieure à celle des États-Unis (2,4%), du Royaume-Uni (2,1%), de la France (2,0%), du Japon (0,81%) et de l'Allemagne (0,46%).

Les années 2010

Les dépenses ménagères de la Géorgie étaient de 12,0 milliards de dollars par an dans les années 2010, au 116ème rang mondial à égalité avec la Libye (12,2 milliards de dollars), la Jamaïque (11,8 milliards de dollars), la Zambie (12,3 milliards de dollars). La part dans le monde était de 0,027% et de 0,092% en Asie.

La part des dépenses ménagères dans le PIB de la Géorgie était de 74,9% dans les années 2010, au 53ème rang mondial, à égalité avec la Grenade (74,9%), le Mali (75,1%), l'Ouganda (75,2%).

Les dépenses ménagères par habitant en Géorgie étaient de 2976.2 dollars dans les années 2010, au 123ème rang mondial, à égalité avec l'Asie (2 977,2 de dollars), l'Iran (2 963,2 de dollars), le Gabon (2 951,6 de dollars). Les dépenses ménagères par habitant en Géorgie étaient 2,0 fois inférieures les dépenses ménagères par habitant au Monde (6 018,5 US$), et 0,036% inférieures les dépenses ménagères par habitant en Asie (2 977,2 US$).

La croissance des dépenses ménagères en Géorgie était de 3.8% dans les années 2010, se classant au 83ème rang mondial, à égalité avec le Malawi (3,7%), l'Afrique du Nord (3,7%), l'Arménie (3,8%). La croissance des dépenses ménagères en Géorgie (3,8%) a été supérieure à celle du monde (2,8%), et inférieure à celle de l'Asie (4,9%).

Comparaison avec les voisins. Les dépenses ménagères de la Géorgie étaient 29,0% supérieures à celles de l'Arménie (9,3 milliards de dollars); mais 76,1 fois inférieures à celles de la Russie (914,4 milliards de dollars), 42,6 fois inférieures à celles de la Turquie (512,1 milliards de dollars) et 2,2 fois inférieures à celles de l'Azerbaïdjan (26,7 milliards de dollars). Les dépenses ménagères par habitant en Géorgie étaient 6,6% supérieures à celles de l'Azerbaïdjan (2 792,5 de dollars); mais 2,2 fois inférieures à celles de la Turquie (6 575,8 de dollars), 2,1 fois inférieures à celles de la Russie (6 316,6 de dollars) et 6,8% inférieures à celles de l'Arménie (3 193,5 de dollars). La croissance des dépenses ménagères en Géorgie était supérieure à celle de la Russie (2,4%); mais inférieure à celle de l'Azerbaïdjan (5,6%), de la Turquie (5,3%) et de l'Arménie (3,8%).

Comparaison avec les leaders. Les dépenses ménagères de la Géorgie étaient 1 014,6 fois inférieures à celles des États-Unis (12,2 billions de dollars), 327,0 fois inférieures à celles de la Chine (3,9 billions de dollars), 248,6 fois inférieures à celles du Japon (3,0 billions de dollars), 163,0 fois inférieures à celles de l'Allemagne (2,0 billions de dollars) et 148,3 fois inférieures à celles du Royaume-Uni (1,8 billions de dollars). Les dépenses ménagères par habitant en Géorgie étaient 6,2% supérieures à celles de la Chine (2 801,9 de dollars); mais 12,8 fois inférieures à celles des États-Unis (38 161,2 de dollars), 9,1 fois inférieures à celles du Royaume-Uni (27 164,8 de dollars), 8,0 fois inférieures à celles de l'Allemagne (23 925,0 de dollars) et 7,8 fois inférieures à celles du Japon (23 352,2 de dollars). La croissance des dépenses ménagères en Géorgie était supérieure à celle des États-Unis (2,4%), du Royaume-Uni (1,8%), de l'Allemagne (1,4%) et du Japon (0,64%); mais inférieure à celle de la Chine (8,3%).

Chapitre XIV. Consommation de nourriture

Au cours de la période de recherche, la consommation alimentaire des produits suivants a augmenté: huiles végétales (de 4,6 fois), poisson (de 4,1 fois), sucre (de 62,3%), lait (de 44,3%), alcool (de 32,9%), œufs (de 13,2%), viande (de 9,2%), céréales (de 8,1%), racines riches (de 5,4%), mais diminué pour les produits suivants: épices (de 40,4%), légumes (de 44,5%), fruits (de 45,9%), stimulants (de 59,1%), noix (de 2,6 fois), légumineuses (de 9,4 fois).

Voici les coefficients de corrélation entre le RNB par habitant à prix constants et la consommation alimentaire: poisson (0.995), alcool (0.955), huiles végétales (0.9), racines riches (0.702), œufs (0.665), céréales (0.519), lait (0.488), viande (0.464), sucre (0.422), stimulants (-0.625), fruits (-0.674), légumineuses (-0.691), noix (-0.878), épices (-0.903), légumes (-0.993).

Les années 1990

La consommation de kcal en Géorgie était de 2 324,0 kcal/jour par habitant dans les années 1990, au 111ème rang mondial à égalité avec l'Inde (2 319,2 kcal/jour par habitant), l'Asie du Sud (2 328,8 kcal/jour par habitant), l'Irak (2 308,8 kcal/jour par habitant). La consommation de kcal en Géorgie était inférieur à celui dans le monde (2 652,6 kcal/jour par habitant), et était inférieur à celui en Asie (2 494,1 kcal/jour par habitant). La consommation de kcal avait la structure suivante: céréales (60.8%), sucre (8.4%), lait (7.3%), viande (5.6%), racines riches (3.8%), et d'autres (14.1%).

La consommation de protéines en Géorgie était de 69,1 g/jour par habitant dans les années 1990, se situant au 85ème rang mondial à égalité avec le Costa Rica (69,1 g/jour par habitant), d'Oman (68,9 g/jour par habitant), le Burkina Faso (68,7 g/jour par habitant). La consommation de protéines en Géorgie était inférieur à celui dans le monde (72,1 g/jour par habitant), et était supérieur à celui en Asie (65,3 g/jour par habitant). La consommation de protéines avait la structure suivante: céréales (57.5%), lait (13.3%), viande (12.2%), stimulants (3.1%), racines riches (3%), et d'autres (10.9%).

La consommation de graisse en Géorgie était de 39,2 g/jour par habitant dans les années 1990, se situant au 142ème rang mondial à égalité avec l'Angola (38,8 g/jour par habitant). La consommation de graisse en Géorgie était inférieur à celui dans le monde (69,0 g/jour par habitant), et était inférieur à celui en Asie (54,3 g/jour par habitant). La consommation de graisse avait la structure suivante: viande (26.8%), lait (23.3%), huiles végétales (13.1%), céréales (11.8%), noix (8.7%), et d'autres (16.3%).

Voici les niveaux de consommation alimentaire dans le classement mondial: 13ème - stimulants (8,1 kg/habitant/an), 16ème - noix (4,5 kg/habitant/an), 17ème - céréales (185,3 kg/habitant/an), 51ème - légumes (80,7 kg/habitant/an), 53ème - épices (0,71 kg/habitant/an), 73ème - lait (99,8 kg/habitant/an), 80ème - œufs (5,1 kg/habitant/an), 89ème - alcool (23,8 kg/habitant/an), 93ème - racines riches (48,0 kg/habitant/an), 99ème - viande (25,0 kg/habitant/an), 114ème - sucre (20,0 kg/habitant/an), 144ème - poisson (2,5 kg/habitant/an), 159ème - légumineuses (0,24 kg/habitant/an), 164ème - huiles végétales (1,9 kg/habitant/an).

Les années 2000

La consommation de kcal en Géorgie était de 2 838,9 kcal/jour par habitant dans les années 2000, se classant au 70ème rang mondial à égalité avec l'Afrique australe (2 845,5 kcal/jour par habitant), la Barbade (2 847,6 kcal/jour par habitant), la Macédoine du Nord (2 829,7 kcal/jour par habitant). La consommation de kcal en Géorgie était supérieur à celui dans le monde (2 765,9 kcal/jour par habitant), et était supérieur à celui en Asie (2 619,0 kcal/jour par habitant). La consommation de kcal avait la structure suivante: céréales (54.3%), sucre (13%), lait (9.3%), huiles végétales (5%), viande (4.9%), et d'autres (13.5%).

La consommation de protéines en Géorgie était de 78,9 g/jour par habitant dans les années 2000, se classant au 76ème rang mondial à égalité avec l'Azerbaïdjan (79,0 g/jour par habitant), la Serbie (79,1 g/jour par habitant), Saint-Vincent-et-les-Grenadines (78,6 g/jour par habitant). La consommation de protéines en Géorgie était supérieur à celui dans le monde (76,5 g/jour par habitant), et était supérieur à celui en Asie (70,9 g/jour par habitant). La consommation de protéines avait la structure suivante: céréales (55.3%), lait (18.1%), viande (11.9%), racines riches (2.8%), légumes (2.2%), et d'autres (9.7%).

La consommation de graisse en Géorgie était de 60,5 g/jour par habitant dans les années 2000, se situant au 113ème rang mondial à égalité avec le Salvador (60,7 g/jour par habitant), les Maldives (60,0 g/jour par habitant). La consommation de graisse en Géorgie était inférieur à celui dans le monde (76,9 g/jour par habitant), et était inférieur à celui en Asie (64,4 g/jour par habitant). La consommation de graisse avait la structure suivante: huiles végétales (26.6%), lait (23.5%), viande (18%), céréales (9.2%), stimulants (3.6%), et d'autres (19.1%).

Voici les niveaux de consommation alimentaire dans le classement mondial: 11ème - céréales (203,4 kg/habitant/an), 44ème - noix (2,7 kg/habitant/an), 46ème - lait (155,4 kg/habitant/an), 52ème - stimulants (5,0 kg/habitant/an), 62ème - épices (0,79 kg/habitant/an), 63ème - sucre (37,3 kg/habitant/an), 81ème - œufs (5,7 kg/habitant/an), 85ème - légumes (73,0 kg/habitant/an), 97ème - racines riches (50,4 kg/habitant/an), 105ème - alcool (22,6 kg/habitant/an), 110ème - viande (28,0 kg/habitant/an), 135ème - poisson (4,8 kg/habitant/an), 137ème - fruits (42,7 kg/habitant/an), 140ème - huiles végétales (5,9 kg/habitant/an), 166ème - légumineuses (0,038 kg/habitant/an).

Les années 2010

La consommation de kcal en Géorgie était de 2 848,5 kcal/jour par habitant dans les années 2010, se classant au 82ème rang mondial à égalité avec le Mali (2 848,8 kcal/jour par habitant), le Turkménistan (2 849,8 kcal/jour par habitant), l'Arménie (2 841,5 kcal/jour par habitant). La consommation de kcal en Géorgie était inférieur à celui dans le monde (2 869,3 kcal/jour par habitant), et était supérieur à celui en Asie (2 759,8 kcal/jour par habitant). La consommation de kcal avait la structure suivante: céréales (53%), sucre (11.3%), lait (8.6%), huiles végétales (7.3%), viande (4.2%), et d'autres (15.6%).

La consommation de protéines en Géorgie était de 77,6 g/jour par habitant dans les années 2010, se classant au 97ème rang mondial à égalité avec la Macédoine du Nord (77,9 g/jour par habitant), la Mongolie (77,9 g/jour par habitant), le Guyana (77,0 g/jour par habitant). La consommation de protéines en Géorgie était inférieur à celui dans le monde (80,6 g/jour par habitant), et était supérieur à celui en Asie (76,7 g/jour par habitant). La consommation de protéines avait la structure suivante: céréales (55.4%), lait (16.9%), viande (11.4%), poisson (4.1%), racines riches (2.8%), et d'autres (9.4%).

La consommation de graisse en Géorgie était de 68,6 g/jour par habitant dans les années 2010, se classant au 111ème rang mondial à égalité avec l'Afrique du Nord (68,8 g/jour par habitant), le Maroc (67,9 g/jour par habitant), le Cap-Vert (69,3 g/jour par habitant). La consommation de graisse en Géorgie était inférieur à celui dans le monde (82,4 g/jour par habitant), et était inférieur à celui en Asie (72,1 g/jour par habitant). La consommation de graisse avait la structure suivante: huiles végétales (34.4%), lait (19.2%), viande (13%), céréales (8.8%), stimulants (4.9%), et d'autres (19.7%).

Voici les niveaux de consommation alimentaire dans le classement mondial: 12ème - céréales (200,3 kg/habitant/an), 57ème - lait (143,9 kg/habitant/an), 59ème - stimulants (5,1 kg/habitant/an), 80ème - noix (1,7 kg/habitant/an), 82ème - sucre (32,5 kg/habitant/an), 91ème - œufs (5,7 kg/habitant/an), 92ème - épices (0,51 kg/habitant/an), 95ème - alcool (31,6 kg/habitant/an), 99ème - racines riches (50,6 kg/habitant/an), 104ème - poisson (10,5 kg/habitant/an), 109ème - légumes (55,8 kg/habitant/an), 113ème - huiles végétales (8,7 kg/habitant/an), 123ème - viande (27,3 kg/habitant/an), 145ème - fruits (42,0 kg/habitant/an), 168ème - légumineuses (0,025 kg/habitant/an).

Partie V. Reproduction

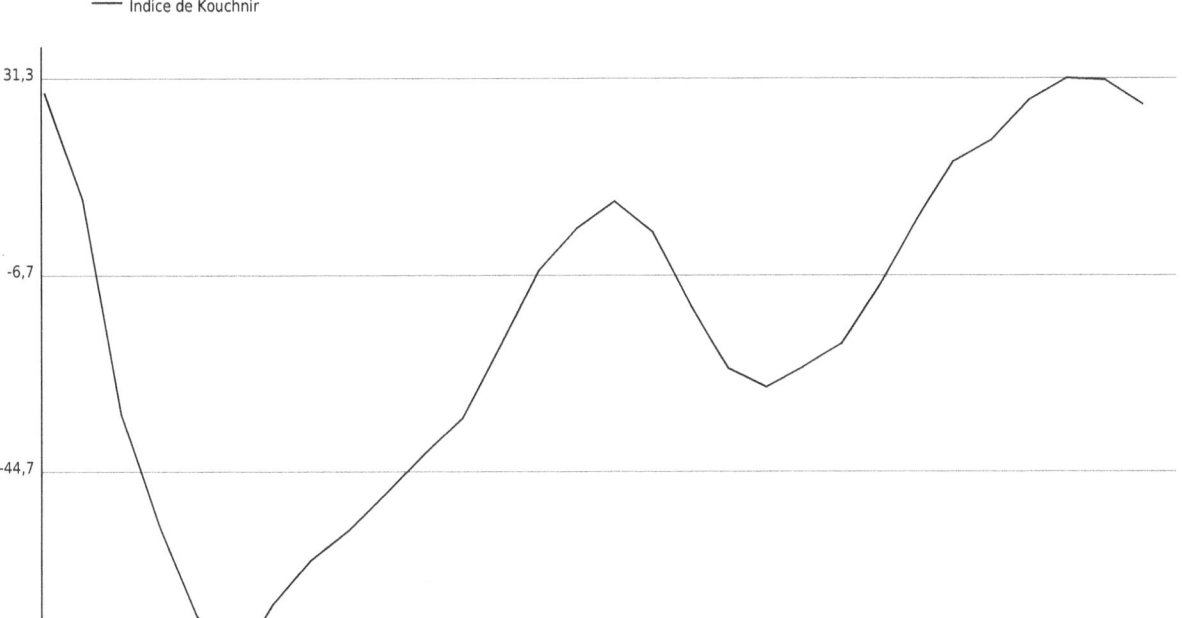

Chapitre XV. Formation de capital fixe

Formation brute de capital fixe

La formation de capital de la Géorgie est passé de 803,3 millions de dollars par an dans les années 1990 à 3,7 milliards de dollars par an dans les années 2010, c'est-à-dire 2,9 milliards de dollars ou de 4,5 fois. La variation a été de 1,8 milliards de dollars en raison de l'augmentation de 2,0 fois des prix, et de 1,2 milliards de dollars en raison de la croissance du taux par habitant de 2,8 fois, et de -154,0 millions de dollars en raison du déclin de la population. La croissance annuelle moyenne de la formation de capital était de 0,63%. La valeur minimale était de 22,9 millions de dollars en 1993. La valeur maximale était de 4,4 milliards de dollars en 2018.

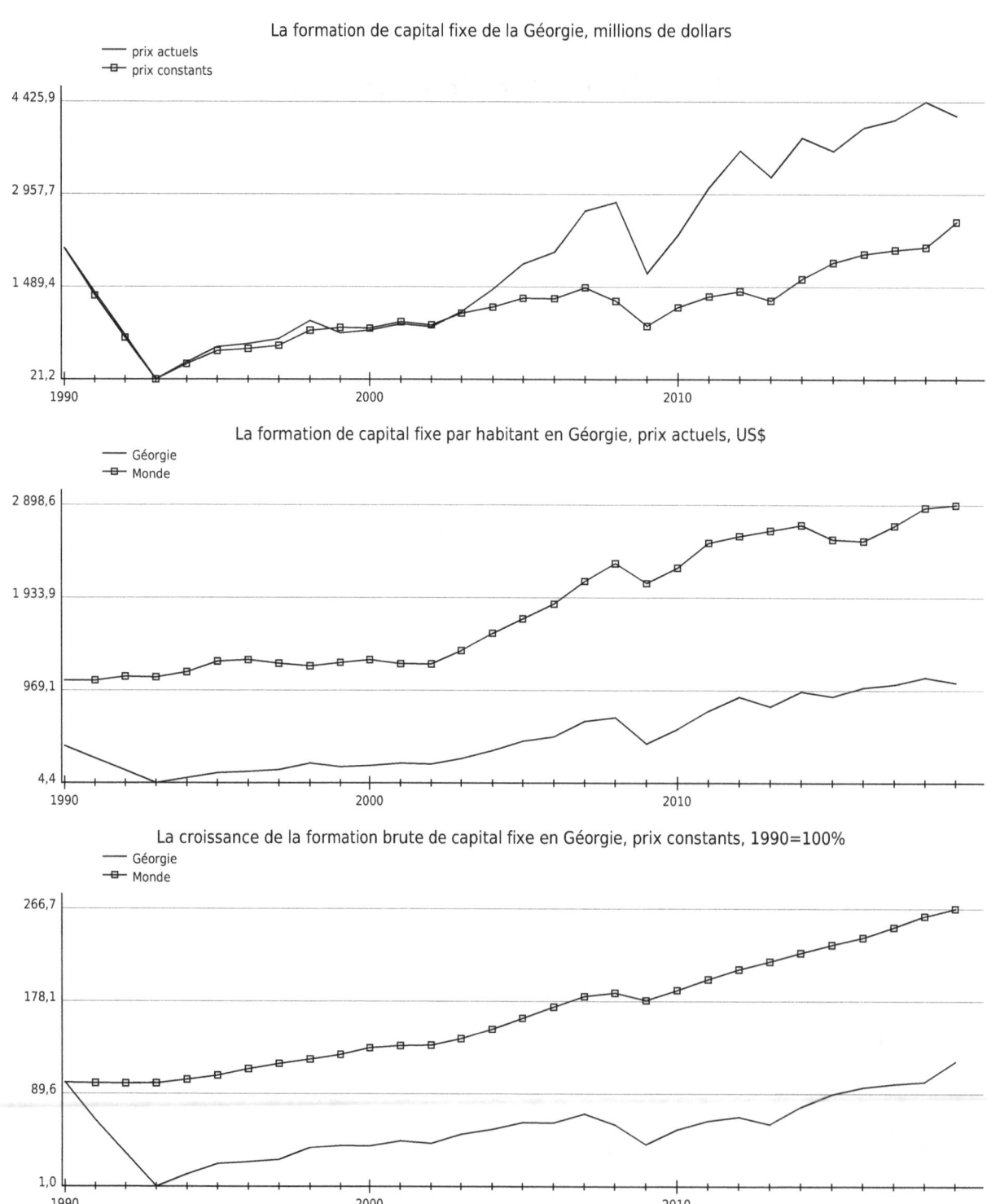

Chapitre XV. Formation de capital fixe

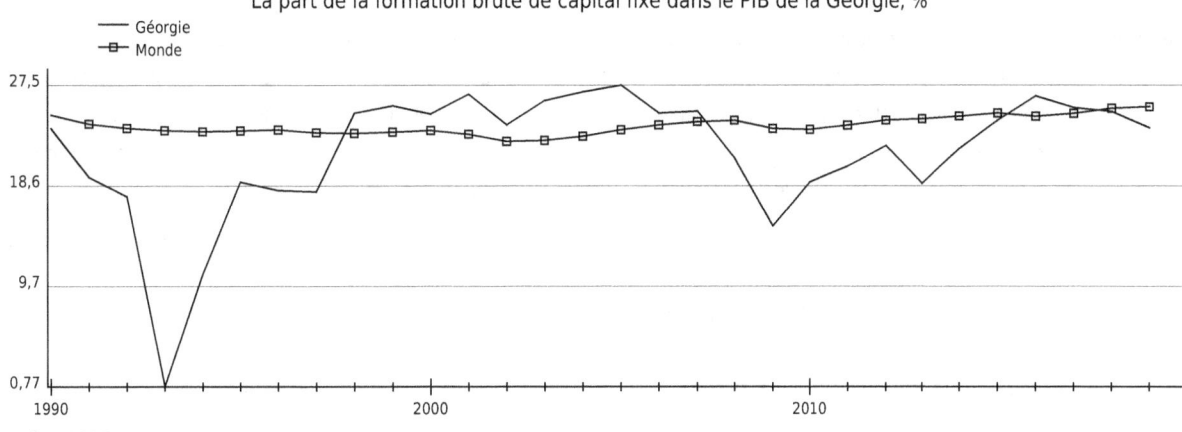

Les années 1990

La formation de capital fixe de la Géorgie était de 803,3 millions de dollars par an dans les années 1990, au 122ème rang mondial à égalité avec la Polynésie française (792,8 millions de dollars). La part dans le monde était de 0,012% et de 0,035% en Asie.

La part de la formation brute de capital fixe dans le PIB de la Géorgie était de 19,0% dans les années 1990, se situant au 146ème rang mondial, à égalité avec le Brésil (19,0%), le Guatemala (19,0%), le Royaume-Uni (18,8%).

La formation de capital par habitant en Géorgie était de 160.8 dollars dans les années 1990, se classant au 158ème rang mondial, à égalité avec le Cameroun (156,9 de dollars), les Salomon (164,7 de dollars). La formation de capital par habitant en Géorgie était 7,4 fois inférieure la formation de capital fixe par habitant au Monde (1 183,8 US$), et 4,1 fois inférieure la formation de capital par habitant en Asie (661,5 US$).

La croissance de la formation de capital en Géorgie était de -9.6% dans les années 1990, se situant au 196ème rang mondial. La croissance de la formation brute de capital fixe en Géorgie (-9,6%) a été inférieure à celle du monde (2,8%), et inférieure à celle de l'Asie (4,3%).

Comparaison avec les voisins. La formation de capital fixe de la Géorgie était supérieure à celle de l'Arménie (369,0 millions de dollars); mais inférieure à celle de la Russie (98,2 milliards de dollars), de la Turquie (54,2 milliards de dollars) et de l'Azerbaïdjan (1,1 milliards de dollars). La formation de capital fixe par habitant en Géorgie était supérieure à celle de l'Azerbaïdjan (140,0 de dollars) et de l'Arménie (112,3 de dollars); mais inférieure à celle de la Turquie (932,8 de dollars) et de la Russie (664,1 de dollars). La croissance de la formation brute de capital fixe en Géorgie était supérieure à celle de l'Arménie (-14,5%) et de la Russie (-17,9%); mais inférieure à celle de la Turquie (4,4%) et de l'Azerbaïdjan (-0,14%).

Comparaison avec les leaders. La formation de capital fixe de la Géorgie était inférieure à celle des États-Unis (1,6 billions de dollars), du Japon (1,3 billions de dollars), de l'Allemagne (520,7 milliards de dollars), de la France (299,3 milliards de dollars) et du Royaume-Uni (250,0 milliards de dollars). La formation de capital par habitant en Géorgie était inférieure à celle du Japon (10 425,9 de dollars), de l'Allemagne (6 456,6 de dollars), des États-Unis (6 067,2 de dollars), de la France (5 039,5 de dollars) et du Royaume-Uni (4 319,1 de dollars). La croissance de la formation de capital en Géorgie était inférieure à celle des États-Unis (4,8%), de l'Allemagne (2,4%), du Royaume-Uni (1,7%), de la France (1,5%) et du Japon (0,18%).

Les années 2000

La formation de capital fixe de la Géorgie était de 1,6 milliards de dollars par an dans les années 2000, se classant au 124ème rang mondial à égalité avec Madagascar (1,7 milliards de dollars). La part dans le monde était de 0,015% et de 0,045% en Asie.

La part de la formation brute de capital fixe dans le PIB de la Géorgie était de 23,1% dans les années 2000, au 104ème rang mondial, à égalité avec l'Ukraine (23,1%), Macao (23,1%), les Îles Marshall (23,1%).

La formation de capital par habitant en Géorgie était de 384.2 dollars dans les années 2000, se classant au 143ème rang mondial, à égalité avec Cuba (385,5 de dollars), le Ghana (382,7 de dollars). La formation de capital fixe par habitant en Géorgie était 4,4 fois inférieure la formation de capital fixe par habitant au Monde (1 690,7 US$), et 2,4 fois inférieure la formation de capital fixe par habitant en Asie (905,5 US$).

La croissance de la formation de capital en Géorgie était de 0.3% dans les années 2000, au 183ème rang mondial. La croissance de la formation de capital en Géorgie (0,30%) a été inférieure à celle du monde (3,5%), et inférieure à celle de l'Asie (6,8%).

Comparaison avec les voisins. La formation de capital fixe de la Géorgie était inférieure à celle de la Russie (172,9 milliards de dollars), de la Turquie (114,4 milliards de dollars), de l'Azerbaïdjan (5,0 milliards de dollars) et de l'Arménie (1,9 milliards de dollars). La formation de capital fixe par habitant en Géorgie était inférieure à celle de la Turquie (1 698,1 de dollars), de la Russie (1 198,4 de dollars), de l'Arménie (631,4 de dollars) et de l'Azerbaïdjan (584,3 de dollars). La croissance de la formation de capital en Géorgie était inférieure à celle de l'Arménie (15,5%), de l'Azerbaïdjan (14,4%), de la Russie (10,0%) et de la Turquie (6,4%).

Comparaison avec les leaders. La formation de capital de la Géorgie était inférieure à celle des États-Unis (2,8 billions de dollars), du Japon (1,2 billions de dollars), de la Chine (1,0 billions de dollars), de l'Allemagne (557,7 milliards de dollars) et de la France (463,9 milliards de dollars). La formation de capital fixe par habitant en Géorgie était inférieure à celle des États-Unis (9 376,4 de dollars), du Japon (8 981,8 de dollars), de la France (7 386,7 de dollars), de l'Allemagne (6 851,1 de dollars) et de la Chine (782,2 de dollars). La croissance de la formation brute de capital fixe en Géorgie était supérieure à celle de l'Allemagne (-0,56%) et du Japon (-2,0%); mais inférieure à celle de la Chine (13,4%), de la France (1,6%) et des États-Unis (0,43%).

Les années 2010

La formation de capital de la Géorgie était de 3,7 milliards de dollars par an dans les années 2010, se situant au 122ème rang mondial à égalité avec la Nouvelle-Calédonie (3,7 milliards de dollars), l'Islande (3,6 milliards de dollars). La part dans le monde était de 0,019% et de 0,041% en Asie.

La part de la formation brute de capital fixe dans le PIB de la Géorgie était de 22,8% dans les années 2010, se classant au 107ème rang mondial, à égalité avec le Liban (22,8%), le Pérou (22,8%), la Finlande (22,7%).

La formation de capital par habitant en Géorgie était de 905 dollars dans les années 2010, au 134ème rang mondial, à égalité avec le Maroc (918,4 de dollars), la Jordanie (926,4 de dollars). La formation de capital par habitant en Géorgie était 2,9 fois inférieure la formation de capital fixe par habitant au Monde (2 621,1 US$), et 2,2 fois inférieure la formation de capital fixe par habitant en Asie (2 007,4 US$).

La croissance de la formation brute de capital fixe en Géorgie était de 11.3% dans les années 2010, se situant au 9ème rang mondial. La croissance de la formation brute de capital fixe en Géorgie (11,3%) a été supérieure à celle du monde (4,1%), et supérieure à celle de l'Asie (6,0%).

Comparaison avec les voisins. La formation de capital fixe de la Géorgie était 54,8% supérieure à celle de l'Arménie (2,4 milliards de dollars); mais 104,2 fois inférieure à celle de la Russie (380,9 milliards de dollars), 65,6 fois inférieure à celle de la Turquie (239,7 milliards de dollars) et 3,6 fois inférieure à celle de l'Azerbaïdjan (13,1 milliards de dollars). La formation de capital par habitant en Géorgie était 11,8% supérieure à celle de l'Arménie (809,2 de dollars); mais 3,4 fois inférieure à celle de la Turquie (3 077,4 de dollars), 2,9 fois inférieure à celle de la Russie (2 631,4 de dollars) et 34,2% inférieure à celle de l'Azerbaïdjan (1 375,2 de dollars). La croissance de la formation brute de capital fixe en Géorgie était supérieure à celle de la Turquie (7,0%), de l'Azerbaïdjan (6,0%), de la Russie (1,5%) et de l'Arménie (-1,8%).

Comparaison avec les leaders. La formation de capital de la Géorgie était 1 237,7 fois inférieure à celle de la Chine (4,5 billions de dollars), 984,9 fois inférieure à celle des États-Unis (3,6 billions de dollars), 331,2 fois inférieure à celle du Japon (1,2 billions de dollars), 205,9 fois inférieure à celle de l'Allemagne (752,5 milliards de dollars) et 190,7 fois inférieure à celle de l'Inde (696,8 milliards de dollars). La formation de capital fixe par habitant en Géorgie était 69,1% supérieure à celle de l'Inde (535,2 de dollars); mais 12,4 fois inférieure à celle des États-Unis (11 264,9 de dollars), 10,5 fois inférieure à celle du Japon (9 460,2 de dollars), 10,2 fois inférieure à celle de l'Allemagne (9 192,9 de dollars) et 3,6 fois inférieure à celle de la Chine (3 224,9 de dollars). La croissance de la formation brute de capital fixe en Géorgie était supérieure à celle de la Chine (8,0%), de l'Inde (5,8%), des États-Unis (3,8%), de l'Allemagne (2,8%) et du Japon (1,8%).

www.ingramcontent.com/pod-product-compliance
Lightning Source LLC
Chambersburg PA
CBHW080533220526
45465CB00006B/2691